ITALIANO
ESSENZIALE 03
이탈리아어 강독

B1-B2

ITALIANO ESSENZIALE 03

이탈리아어 강독

마르타 짐바르도, 최병진 지음

HU;NE

머리말

Prefazione

이탈리아노 에센지알레(ITALIANO ESSENZIALE)의 시리즈 중 3권인 이 책은 현재 사용되는 이탈리아어 텍스트를 현지에서처럼 직접 다루며, 서로 다른 텍스트의 유형과 분야를 접할 수 있도록 기획되었습니다. 독자들은 이 책을 통해서 동시대 이탈리아어 텍스트의 의미를 이해 할 수 있습니다.

이 책에서 챕터의 구성은 크게 세 부분으로 나누어집니다.

첫 번째 부분은 가장 앞부분에 등장하는 텍스트로 이탈리아어에 대한 자신의 지식에 대한 '도전'이며 결과를 얻을 수 있는 연습문제로 이뤄져 있습니다. 독해의 과정에서 필요한 것은 이야기의 핵심을 파악하는 것입니다. 특히 이를 판단할 수 있는 단어나 표현, 그리고 키워드를 찾는 연습을 위한 부분이라고 할 수 있습니다.

두 번째 부분은 텍스트에 이어지는 첫 번째 연습 문제입니다. 이 부분에서는 주제에 대한 지식을 확인하고 정확한 이해를 위해 중심 어휘와 핵심을 찾는 과정을 도와줄 것입니다. 이 과정에서 연습 문제를 통해서 동의어와 반의어, 유사한 표현들을 다루게 될 것입니다.

마지막으로 이탈리아어/한국어 어휘를 확인하고 새로운 연습문제를 다루는 이유는 학생들에게 새로 접하게 되는 단어를 습관처럼 익숙하게 만들기 위한 것입니다. 이 과정에서 단어의 서로 다른 용법과 맥락, 의미를 확인할 수 있을 것입니다.

이 책은 쉬운 텍스트에서 어려운 텍스트의 순서로 배치되어 있으며, 이는 독자들에게 일종의 도전이자 놀이가 될 수 있을 것이라고 봅니다.

이 책을 내는 데 도움을 주었던 마티아 도지(Mattia Dosi)와 리아 이오베니티(Lia Iovenitti)에게도 감사를 표합니다.

2019. 12. 30.

마르타 짐바르도, 최병진

목차

Indice

01

ALCUNE BREVI NOTIZIE INTERESSANTI

몇몇 짧지만 흥미로운 소식들

C1.

몇몇 짧지만 흥미로운 소식들

Alcune brevi notizie interessanti

Forse non tutti sanno che...
1. Gli Italiani consumano sui 13 miliardi di uova l'anno, in media 215 **a testa**. Nel conto rientrano sia le uova destinate al consumo diretto, sia quelle contenute in cibi come pasta, dolci e altro.
2. Per tingersi di nero i capelli, le donne dell'antica Roma usavano spesso il succo ottenuto spremendo bacche d'edera.
3. Anche la Bibbia si legge ormai su tablet e cellulare. Tra le app più **note** c'è You Version, che include oltre 1.500 versioni del testo in centinaia di lingue diverse. A inizio anno era stata scaricata 300 milioni di volte.
4. L'Università di Firenze fu fondata nel 1321: qualche anno più tardi, una legge emanata dal Comune proibì ai Fiorentini di frequentare atenei di altre città.

(Tratto da La Settimana Enigmistica, anno 87 n. 4508, 16 agosto 2018, p.19)

1. Questi testi si rivolgono a chi:
    ① vuole leggere qualche notizia curiosa
    ② ha deciso di fare una ricerca specialistica
    ③ vuole avere informazioni dettagliate di storia italiana
    ④ cerca un nuovo hobby

2. Quale potrebbe essere il titolo del testo num. 1?
    ① Il rapporto tra uova e salmonella
    ② Ricette veloci con le uova
    ③ L'uso delle uova in Italia
    ④ Quanto spendono gli Italiani per le uova

3. Quale tra le seguenti informazioni è presente nel testo num. 2?

   ① Le donne romane di solito hanno i capelli neri

   ② Le bacche di edera venivano usate per colorarsi i capelli

   ③ Nell'antica Roma usavano l'edera per rinforzare i capelli

   ④ A Roma bevevano il succo dei frutti dell'edera.

4. Che cos'è *You Version*, di cui parla il testo num. 3?

   ① Un sito web con 300 milioni di visite al giorno

   ② Un gruppo online per lo studio della Bibbia

   ③ Un software per tradurre in 1.500 lingue diverse

   ④ Un'applicazione per leggere la Bibbia

5. Quale tra le seguenti informazioni non è presente nel testo num. 4?

   ① L'Università di Firenze è stata fondata nel XIV secolo

   ② I Fiorentini potevano frequentare solo l'Università di Firenze

   ③ Il Comune ha promulgato una legge per proibire di studiare

   ④ Esistevano altre università oltre a quella di Firenze

6. Quale tra queste parole può sostituire l'espressione "a testa", presente nel testo num. 1?

   ① All'anno

   ② Ciascuno

   ③ In due

   ④ Alla volta

7. Quale tra questi termini è sinonimo della parola "note", usata nel testo num. 3?

   ① Conosciute

   ② Ignorate

   ③ Sicure

   ④ Nuove

Vocabolario

forse avv. 아마도 sapere v.tr. ~을 알다 consumare v.tr. 1) ~을 소비하다 2) ~을 먹다, 마시다 3) ~을 닳게 하다 miliardo s.m. 10억 uovo s.m. 계란 testa s.f. 머리 a testa 두당 conto s.m. 계산 destinato agg. da destinare v.tr. 1) (어떠한 용도로)~을 배정하다 2) ~을 운명지우다 tingersi v.tr.pron. 염색하다 usare v.tr. ~을 사용하다 succo s.m. 주스, 과즙 ottenere v.tr. ~을 얻다, ~을 얻어내다 spremere v.tr. ~을 압착하다 bacca s.f. 열매, 과일 edera s.f. 송악, 담장나무 includere v.tr. ~을 포함하다 scaricare v.tr. ~(웹 상의 자료 등)을 내려 받다, 짐을 내리다 emanare v.tr. 1) ~을 발산하다 2) ~을 공포하다 proibire v.tr. ~을 금지하다

Esercitiamoci

Completate le seguenti frasi utilizzando il lessico appena imparato.

---

1 forse, sapere, consumare, miliardo

Al giorno d'oggi per _____ tutto di tutti basta entrare nei profili social.

Gli italiani gradiscono _____ un aperitivo prima della cena.

Hai _____ preso tu la mia sciarpa?

Io, a forza di fare passeggiate con il cane, _____ tutte le scarpe!

In casa abbiamo l'abitudine di _____ molta frutta fresca.

La cifra un _____ si scrive con l'uno seguito da nove zeri.

Non farei quello sport pericoloso neanche per un _____!

Questo pesce ha un odore sospetto, _____ è avariato.

Vorrei tanto _____ chi ha corretto questo testo, è impeccabile.

---

2 testa, conto, destinato, destinare, uovo, tingersi

Chiudere il _____ in una banca italiana non è semplice.

È _____ che io non abbia mai un po' di soldi da parte.

È di moda _____ i capelli in due colori a contrasto.

I miei amici hanno pagato solo 25 euro a _____, ma in anticipo.

La cena di Capodanno era stata eccezionale, ma era costata un occhio della _____.

Non so come dire ad Angela di _____ un po' i capelli.

Per fare la crema del tiramisù si usa il tuorlo dell' _____ con zucchero e Marsala.

Si dovrebbe _____ almeno il 7% del bilancio a innovazione e ricerca.

Tra amici, di solito il _____ si paga alla "romana".

---

3 usare, spremere, succo, ottenere, bacca

_____ il succo di due arance mature e filtrate i semi.

Al mattino fa bene prendere ogni giorno un cucchiaio di _____ di limone.

La _____ di questa pianta è usata in infusione per curare l'insonnia.

Le produzioni artigianali usano ancora i vecchi torchi per _____ le vinacce.

Ormai la stagione è finita, non sono riuscito a trovare neanche una _____ di ginepro.

Per _____ la mozzarella di bufala non si può utilizzare il latte di mucca.

Per una buona aranciata bisogna _____ arance molto succose.

Preferirei non _____ la carta di credito.

Quanta tenacia e lavoro occorrono per _____ i risultati desiderati!
Scusi, è un'emergenza, potrei _____ il Suo telefono?

4	edera, includere, scaricare, emanare, proibire

Bisogna _____ una legge di riforma.
Bisognerebbe _____ ai turisti di mangiare sui gradini del Duomo.
Dovete _____ tutte le spese di viaggio nel rimborso aziendale.
Dovrò tagliare quell'_____, è bella a vedersi ma rovina l'intonaco!
Anna _____ anche tua moglie nella lista dei partecipanti alla cena.
I siti da cui è possibile _____ musica legalmente sono di solito a pagamento.
Il forno _____ un profumo invitante.
Il medico mi _____ fumare.
L'_____ nei dipinti rappresenta di solito il simbolo della fedeltà.
Per _____ la legna per l'inverno, mi sono ferito entrambe le mani.

02

IMPARIAMO UNA PAROLA NUOVA!
새로운 단어를 배워 봅시다!

C2

새로운 단어를 배워 봅시다!

Impariamo una parola nuova!

Cosa vuol dire cosmopolita?

Il <u>termine</u> cosmopolita ha origine dal greco, proprio perché nell'Antica Grecia tale parola ha iniziato ad avere un significato profondo: cosmopolita infatti significa "cittadino del mondo" (cosmos, "mondo", polites, "cittadino") ed è una parola nata dal tentativo di Alessandro Magno di creare una "cittadinanza universale" per far superare le differenze culturali e sociali dei vari popoli che si erano venuti a trovare sotto il suo impero.

Il cosmopolita infatti è <u>colui che</u> apre i propri orizzonti, che non si muove (sia fisicamente che intellettualmente) solo nell'ambiente in cui è nato, ma che <u>invece</u> si interessa degli usi e costumi diversi da suoi, spesso "inglobandoli" nel proprio stile di vita.

(Tratto da Niccolò De Rosa, 8 ottobre 2019, Focus Junior,
https://www.focusjunior.it/scuola/italiano/cosa-vuol-dire-cosmopolita/)

---

1. Secondo il testo, un "cosmopolita":
   ① è un cittadino straniero che ha vissuto in Grecia
   ② è poco interessato alle culture diverse dalla sua
   ③ assorbe culture diverse nel proprio stile di vita
   ④ si muove solo nell'ambiente dove è nato

2. In base al testo, quale tra le seguenti affermazioni è corretta?
   ① La parola "cosmopolita" deriva dalla lingua greca
   ② Il "cosmopolita" ha più di una cittadinanza
   ③ Alessandro Magno voleva accentuare le diversità culturali
   ④ I cittadini greci non si muovevano molto

3. Quale tra queste parole non è sinonimo di "termine"?

    ① Vocabolo

    ② Stazione

    ③ Espressione

    ④ Parola

4. Quale espressione può sostituire "colui che"?

    ① Il fatto che

    ② Tanto che

    ③ La persona che

    ④ Tutto tranne che

5. Quale tra le seguenti espressioni può sostituire la parola "invece" nel significato usato nel secondo paragrafo del testo?

    ① Visto che

    ② Dunque

    ③ Infatti

    ④ Anzi

Vocabolario

termine s.m. 1) (전문) 용어 2) 끝, 종점 cosmopolita agg. 1) 범세계적인, 국제적인 2) 열린, 개방적인 s.m.f. 세계인, 국제인 origine s.f. 기원, 유래, 원인 Antica Grecia s.f. (일반적으로) 아르카익 시대의 그리스 시대를 지칭하는 관용적 표현 cittadino s.m. 시민 tentativo s.m. 시도 cittadinanza s.f. 시민권, 국적 superare v.tr. ~을 극복하다 orizzonte s.m. 지평선, 시야 (전망) ambiente s.m. 1) 생태 2) 환경 costume s.m. 1) 관습, 풍습 2) 의상, 수영복 inglobare v.tr. ~을 흡수하다

Esercitiamoci

Completate le seguenti frasi utilizzando il lessico appena imparato.

1	termine, tentativo, superare, orizzonte

Con questa scoperta si aprono nuovi _____ per la ricerca.

È solo un _____, non so se riuscirò a farcela.

Ho avuto molte difficoltà a _____ l'esame di chimica.

Ho impiegato troppo tempo per portare a _____ il lavoro.

In autostrada possiamo _____ i 100 chilometri orari.

La forza di volontà ci permette di _____ le nostre paure.

La linea dell'_____ che vediamo tra cielo e mare è una linea apparente.

Mi sembra che l'_____ nella foto penda a destra.

Non lo conosco, deve essere un _____ poco usato.

Ogni _____ di usare l'ascensore fu vano.

Tutti i _____ sono falliti.

Al _____ della gara, l'atleta è arrivato provato dalla fatica.

2	cittadinanza, origine, inglobare, costume

Gli anni Settanta hanno rivoluzionato il _____ degli italiani.

L'_____ dell'universo, a quanto ne sappiamo, risale a circa 18 miliardi di anni fa.

Marcello, anche se è nato in Argentina, ha la _____ italiana.

La sua fidanzata è italiana, ma d'_____ polacca.

Quella ditta l'anno scorso _____ tutte le aziende minori.

Le nuove leggi non hanno soddisfatto la _____.

Ho incontrato mia moglie ad una festa in _____.

Nei prossimi anni, i paesini vicini _____ nella periferia della città.

Non si riesce a capire quale sia l'_____ del problema.

È un paese che nel tempo _____ persone da ogni parte del mondo.

Andiamo al mare! Tu ce l'hai il _____?

Il prof. Kim ha ricercato a lungo i _____ di quel popolo.

3	Antica Grecia, cittadino, ambiente, cosmopolita

Anche oggi, come sempre, ha dimostrato di avere una mentalità _____.

Bisogna insegnare ai bambini già da piccoli a rispettare l'_____.

La mia città, New York, è davvero una città _____.

In quegli anni approfondì lo studio della cultura dell'_____.

Lia lavora in un'organizzazione internazionale a favore della tutela dell'_____.

Ogni _____ ha il dovere di non evadere le tasse.

È un libro che ripercorre la storia dell'_____ dalla fondazione di Atene.

Sono necessari degli interventi per garantire un _____ di lavoro più sicuro.

Appunti

03

IL TESORO DI FIRENZE
피렌체의 보물

C3

피렌체의 보물

Il tesoro di Firenze

Gli Uffizi

La Galleria occupa <u>interamente</u> il primo e secondo piano del grande edificio costruito tra il 1560 e il 1580 su progetto di Giorgio Vasari: è uno dei musei più famosi al mondo per le sue straordinarie collezioni di sculture antiche e di pitture (dal Medioevo all'età moderna). Le raccolte di dipinti del Trecento e del Rinascimento contengono alcuni capolavori assoluti dell'arte di tutti i tempi: basti ricordare i nomi di Giotto, Simone Martini, Piero della Francesca, Beato Angelico, Filippo Lippi, Botticelli, Mantegna, Correggio, Leonardo, Raffaello, Michelangelo, Caravaggio, oltre a capolavori della pittura europea, soprattutto tedesca, olandese e fiamminga. <u>Non meno importante nel panorama dell'arte italiana la collezione di statuaria e busti dell'antichità della famiglia Medici</u>. La collezione abbellisce i corridoi della Galleria e comprende sculture romane antiche, copie da originali greci <u>andati perduti</u>.

(Tratto da https://www.uffizi.it/gli-uffizi#timetable-prices)

---

1. La Galleria di cui parla il testo:
   ① è uno dei centri commerciali più famosi del mondo
   ② comprende soprattutto sculture romane
   ③ si trova in un edificio del XVI secolo
   ④ è stata fondata da Giotto

2. Nella Galleria:
   ① si possono ammirare solo opere italiane
   ② ci sono alcune delle migliori opere d'arte di sempre
   ③ la maggior parte dei capolavori in mostra non è originale
   ④ i maggiori capolavori sono al primo piano

3. In base al testo, quale informazione non è corretta?
   ① Nella Galleria ci sono anche le statue della collezione della famiglia Medici
   ② Le opere in mostra sono sia statue che dipinti
   ③ Le collezioni di Giorgio Vasari sono incluse tra le opere in mostra
   ④ Nella Galleria è possibile vedere alcuni capolavori rinascimentali

4. Quale tra queste parole è sinonimo di "interamente"?
   ① Completamente
   ② Parzialmente
   ③ Similarmente
   ④ Ovviamente

5. Qual è il verbo sottinteso nella frase "Non meno importante nel panorama dell'arte italiana la collezione di statuaria e busti dell'antichità della famiglia Medici"?
   ① Deve
   ② Ha
   ③ È
   ④ Può

6. Qual è il contrario dell'espressione "andati perduti"?
   ① Andati via
   ② Smarriti
   ③ Confusi
   ④ Ritrovati

Vocabolario

galleria s.f. 1) 갤러리 2) 터널 occupare v.tr. 1) ~을 차지하다 2) (시간을) 소일하다 piano s.m. 1) 평면, 면 2) 층 3) 계획, 플랜 edificio s.m. 건물 progetto s.m. 계획, 기획 museo s.m. 박물관 collezione s.f. 컬렉션, 수집 raccolta s.f. 1) 수집 2) 수확 Trecento s.m. 300년대 Rinascimento s.m. 르네상스 contenere v.tr. ~을 포함하다 assoluto agg. 절대적인 capolavoro s.m. 명작 statuaria s.f. 조각상 abbellire v.tr. (q.lco con~, di~)~을 꾸미다, ~을 장식하다 corridoio s.m. 복도 comprendere v.tr. 1) ~을 포함하다, ~을 함유하다 2) ~을 이해하다

Esercitiamoci

Completate le seguenti frasi utilizzando il lessico appena imparato.

1	corridoio, occupare, piano, edificio

_____ le mie giornate leggendo romanzi.

A che _____ vivi?

Chi è che _____ quella stanza? Tua sorella?

Gli architetti di quello studio stanno progettando un nuovo _____ proprio vicino al lago.

Serve un_____ di sviluppo economico per la nostra città.

Il bagno è alla fine del _____ che porta alla camere.

L'_____ sulla vostra destra è la residenza del Primo Ministro.

L'ufficio che sta cercando è al terzo _____.

La tua valigia _____ troppo spazio.

La pioggia ha rovinato i_____ di chi voleva andare al mare.

Voci di _____ dicono che si siano lasciati.

2	museo, contenere, assoluto, progetto

Ho trovato degli investitori per il mio _____.

Che cosa _____ quella bottiglia?

Dovrebbero introdurre il divieto _____ di fumare per la strada.

È possibile controllare l'orario di apertura sul sito web del _____.

In Scandinavia è possibile visitare molti _____ all'aperto.

La piazza può _____ centomila persone.

Quella cassettiera _____ molti oggetti di valore.

Stasera su Rai1 c'è una serie televisiva in prima visione _____.

Sto lavorando a un _____ molto impegnativo di cooperazione internazionale.

3 Rinascimento, capolavoro, statuaria, collezione

Mio nonno ha una _____ di francobolli formidabile.

Siamo vicini all'uscita della _____ primavera-estate.

Il _____ italiano è conosciuto in tutto il mondo.

Il suo ultimo film è considerato da tutti un _____.

La _____ è l'arte di scolpire statue.

Leonardo, Michelangelo e Raffaello sono artisti del _____ maturo.

Quell'artista eccelleva sia nella pittura che nella _____.

Manca solo una carta Pokemon e la mia _____ sarà completa.

Quel quadro è un _____ assoluto!

La _____ di dipinti della famiglia Agnelli è più ricca di molti musei italiani.

Quel vecchio computer è un pezzo da _____.

4 galleria, raccolta, Trecento, abbellire, comprendere

Da questo mese è obbligatoria la _____ differenziata dei rifiuti.

Il menù _____ anche alcuni piatti vegani.

In _____ è obbligatorio accendere i fari anabbaglianti.

L'anno scorso il giorno della festa del paese _____ le strade con fiori profumati.

La _____ d'arte contemporanea vicina a casa mia merita di essere visitata.

La sua _____ di libri antichi è unica.

Mi piacerebbe _____ la mia camera, ma non so come.

Nessuno di noi riesce a _____ che cosa sia successo.

Per rinnovare questo progetto umanitario, sarà necessaria un'altra _____ di fondi.

Questa è una copia di un manoscritto del _____, un'opera di Boccaccio.

In molte zone la _____ delle olive è ancora effettuata con tecniche tradizionali.

04

È ARRIVATA UNA NUOVA APP!
새로운 앱이 등장했습니다

C4

새로운 앱이 등장했습니다

È arrivata una nuova app!

Eupolia, la prima social app di chi ama viaggiare
Una piattaforma per condividere le proprie esperienze di viaggio.
Eupolia è la prima app che consente di scambiarsi consigli e trovare i luoghi più interessanti da visitare in Europa, gli itinerari meno conosciuti, i locali migliori, suggeriti direttamente dai propri amici e dalle persone di cui ci si fida. Eupolia si rivolge non solo ai viaggiatori, ma anche ai travel blogger, backpackers, agenzie viaggio, b&b, albergatori e gestori di locali.

(Tratto da Ulisse, Magazine Alitalia, anno XXXIX n. 392, luglio 2017, p. 48)

---

1. Che cos'è Eupolia?
   ① Un'applicazione da usare in caso di emergenza all'estero, soprattutto in Europa
   ② Un'applicazione per conoscere persone nuove e fare amicizia
   ③ Un'applicazione per dare e ricevere informazioni utili quando viaggiamo
   ④ Un'applicazione riservata ai blogger europei

2. In base al testo, quale informazione non è corretta?
   ① Eupolia permette di darsi dei consigli su mete turistiche
   ② Gli albergatori e i gestori di solito non usano Eupolia
   ③ Tramite Eupolia i nostri amici possono suggerirci i luoghi migliori dove andare
   ④ Grazie a Eupolia possiamo raccontare le nostre esperienze di viaggio

3. Secondo il testo, Eupolia:
   ① ci aiuta a trovare i luoghi belli da visitare
   ② è il risultato di un update di un'altra applicazione
   ③ si rivolge principalmente ai turisti inglesi
   ④ è gestita da persone locali.

4. Che cosa significa il termine "itinerari"?
   ① Percorsi
   ② Esperienze
   ③ Hotel
   ④ Abitanti di un luogo

5. Quali tra le seguenti parole non è un contrario di "conosciuti"?
   ① Sconosciuti
   ② Ignoti
   ③ Risaputi
   ④ Poco noti

6. Quale tra le seguenti parole non è un "locale"?
   ① Pizzeria
   ② Discoteca
   ③ Pub
   ④ Università

Vocabolario

piattaforma s.f. 1) 평평한 지면이나 단면 2) 컴퓨팅 플랫폼 condividere v.tr. ~을 나누다, ~을 공유하다 esperienza s.f. 경험 viaggio s.m. 여행 consentire v.tr. (a~ di~) 1) ~에게 ~을 허락하다 2) ~에게 ~을 가능하게 하다 scambiarsi v.tr.pron. ~을 교환하다, ~을 주고받다 consiglio s.m. 충고, 조언 itinerario agg. 여정의, 여행의 s.m. 여정, 여행코스 conoscere v.tr. ~을 알다 trovare v.tr. ~을 찾다, (찾다가) ~을 발견하다 visitare v.tr. ~을 방문하다, ~을 여행하다 suggerire v.tr. (q.lco a q.lcu) 1) ~에게 ~을 추천하다, (의견을) 제시하다 2) ~을 암시하다 fidarsi v.intr.pron. (di~) ~을 신뢰하다 rivolgersi v.rifl. 1) (a~) ~을 겨냥하다 2) (a~) ~에게 문의하다 3) (a~/verso~) ~을 향하게 하다 albergatore s.m. 호텔지배인 gestore s.m. 지배인 (gestore telefonico 이동 통신사)

Esercitiamoci

Completate le seguenti frasi utilizzando il lessico appena imparato.

1	rivolgersi, visitare, gestore, fidarsi, consiglio

A volte per poter andare avanti, è necessario _____ del prossimo.

Questo libro _____ agli studenti delle scuole superiori.

Io non _____ molto di lui.

L'anno scorso ho avuto la possibilità di _____ sia Verona che Rovigo.

Per riparare il lavandino è meglio _____ all'idraulico.

Non _____ mai ciecamente di nessuno, sii sempre prudente!

Ogni estate, se posso, _____ un borgo medievale diverso.

Penso ti abbia dato un ottimo _____.

Per avere informazioni bisogna _____ a quell'ufficio.

Sabato prossimo _____ i Musei Vaticani, non vedo l'ora!

Sono il _____ della Discoteca Paradiso.

Se vuoi lavorare in quell'azienda, prova a _____ a lui.

Spendiamo troppo per la bolletta del telefono, dobbiamo cambiare _____!

2	conoscere, suggerire, albergatore, condividere, piattaforma

Maria, tu _____ qualcuno che possa aiutarmi?

Durante gli esami è vietato _____ ai compagni di classe.

Eravamo sicurissimi di _____ la verità.

Ho appena acquistato un corso di inglese su una _____ online.

Io e Luca _____ lo stesso appartamento.

Mio nonno lavora sulla _____ petrolifera da trent'anni.

Non _____ la tua opinione.

Per fortuna l'_____ mi ha assicurato che entro sera ci cambierà la camera.

Il dottore mi _____. di mangiare meno carne.

Sono appena arrivata in città e non _____ molte persone.

Questo lavoro richiede molta _____.

Dario ieri, nel bosco vicino a casa, _____ molti funghi.

Di solito Elisabetta e Francesca _____ i regali la Vigilia di Natale.

Durante il _____ in aereo dalla Corea all'Italia, di solito leggo, dormo un po' e guardo dei film.

È un bravo traduttore, ma non ha molta _____.

Finalmente hanno montato una struttura per _____ l'accesso agli studenti disabili.

Ho incontrato il dott. Bianchi l'anno scorso a una conferenza, _____ il numero di telefono.

L'_____ di viaggio è stato seguito nel dettaglio.

Le mie condizioni di salute non mi _____ di bere alcolici.

Non sarà facile decidere l'_____ del nostro viaggio in Europa.

Credo finalmente di _____. l'amore!

Pare che il dott. Rossi sia in _____ d'affari in Canada, a Toronto.

05

NOTIZIE DALLA THAILANDIA

태국에서 온 소식들

C5 태국에서 온 소식들

Notizie dalla Thailandia

Thailandia, il regime rischia di scivolare sul riso invenduto

Pagare la retta col riso. È così che la Rangsit University di Bangkok, in Thailandia, aiuta gli studenti che vengono dalle campagne: dopo il **crollo** del prezzo del riso, hanno rischiato tutti di dover abbandonare gli studi. Il progetto «Istruzione in cambio di riso» è partito in un ateneo privato della capitale e per il momento ha coinvolto 19 ragazzi. Per non perdere matricole, è probabile che altri istituti decidano di muoversi nella stessa direzione. **Nel frattempo**, la giunta militare al governo si è messa all'opera per evitare che l'eccesso di riso sul mercato generi paura e caos. Gli oltre 2 miliardi di dollari di sussidi distribuiti non hanno aiutato a **stabilizzarne** il prezzo, e anche gli inviti a puntare su altre coltivazioni sono finiti nel vuoto. Le elezioni, però, si avvicinano, e i militari dovranno trovare soluzioni creative per guadagnarsi il voto dei contadini e rimanere al potere senza mettere in scena nuovi colpi di mano.

(Tratto da Panorama, anno LV n.3 (2641), 11 gennaio 2017, p. 16)

---

1. Di che cosa parla questo testo?
   ① Del commercio del riso e della sua esportazione all'estero
   ② Del crollo del prezzo del riso e delle sue conseguenze in Thailandia
   ③ Dei finanziamenti necessari alle prossime elezioni governative
   ④ Di alcuni ragazzi thailandesi che non hanno riso a sufficienza

2. Il progetto «Istruzione in cambio di riso»:
   ① coinvolge 19 università thailandesi
   ② è iniziato in un'università di Bangkok
   ③ è per chi ha perso la matricola
   ④ è un programma di sussidi governativi

3. Quale informazione non è presente nel testo?
   ① Il governo sta provando a risolvere il problema del prezzo del riso
   ② Le elezioni in Thailandia sono prossime
   ③ C'è un eccesso di riso che non è stato venduto
   ④ Gli studenti hanno fatto delle manifestazioni di protesta

4. Quale tra le seguenti parole ha un significato contrario a "crollo"?
   ① Caduta
   ② Rialzo
   ③ Differenza
   ④ Ribasso

5. Con quale espressione possiamo sostituire "nel frattempo"?
   ① Tuttavia
   ② Sebbene
   ③ Comunque
   ④ Intanto

6. Quale tra le seguenti parole è sinonimo di "stabilizzare"?
   ① Normalizzare
   ② Indebolire
   ③ Abbassare
   ④ Ridurre

Vocabolario

regime s.m. 1) 정치 체제, 정부 형태 2) 독재 정권 3) (법률에 따라 정해진 특정) 제도 retta s.f. 학비, 공납금 riso s.m. 쌀 campagna s.f. 1) 캠페인 2) 시골 crollo s.m. 붕괴, 와해 rischiare v.tr. ~을 위험하게 하다 abbandonare v.tr. ~을 버리다 ateneo s.f. 대학 capitale s.f. 1) 수도 s.m. 2) 자본 2) 재산 coinvolgere v.tr. (in~) 1) ~을 ~에 얽히게 하다 ~에 참여시키다 matricola s.f. 1) (numero di~) 등록번호, 학번 2) 대학 신입생 decidere v.tr. (di~) ~을 ~하기로 결정하다 evitare v.tr. ~을 피하다 eccesso s.m. 1) 과잉, 초과 2) 과도 generare v.tr. ~을 생산하다, ~을 발생시키다 sussidio s.m. 보조, 지원 stabilizzare v.tr. ~을 안정시키다 coltivazione s.f. 경작 avvicinarsi v.intr.pron. ~이 다가오다 guadagnarsi v.tr.pron. ~얻게 되다, ~을 획득하다

Esercitiamoci

Completate le seguenti frasi utilizzando il lessico appena imparato.

1	regime, retta, campagna, crollo, ateneo

Ti conviene scegliere un _____ famoso nel tuo campo di studi.

Accidenti, ho dimenticato di pagare la _____ universitaria!

C'è bisogno di una _____ di sensibilizzazione al problema.

È stato ricoverato dopo un _____ emotivo.

I _____ semipresidenziali appartengono alle forme di governo della democrazia rappre-
sentativa.

Il _____ dei prezzi a cui stiamo assistendo preoccupa molto gli esperti.

Il _____ patrimoniale della famiglia necessita di riforme.

Io sto molto bene in _____, ma mio marito vorrebbe trasferirsi in città.

Gli studenti degli _____ toscani arrivano da quasi tutte le parti del mondo.

L'ultima _____ pubblicitaria della sua azienda è stata un successo.

La _____ delle università private è più del doppio di quelle pubbliche.

La famiglia Rossi va sempre in villeggiatura in _____ .

2	rischiare, abbandonare, capitale, coinvolgere, stabilizzare

Ha deciso di _____ gli studi per aprire un negozio di abbigliamento.

In passato lei _____ di morire a causa dell'anoressia.

Andrea e Martina per colpa del tassista _____ di perdere il treno.

Gli azionisti hanno dato il via libera all'aumento di _____ .

In questo progetto _____ ben 53 aziende.

Innanzitutto occorre _____ le condizioni del paziente.

La _____ della Corea del Sud è Seoul.

Non _____ i tuoi soldi in quell'affare!

Preferirei non _____ mio fratello in questa storia.

Sono diversi gli interventi che mirano a _____ i prezzi.

Sono previste delle multe salate per chi _____ gli animali.

_____ di bere troppo stasera!

Ho l'impressione che oggi Luigi mi _____.

I cinghiali causano molti danni alle _____.

L'_____ di peso può essere causato da alcune malattie.

Le pratiche per richiedere il _____ di disoccupazione non sono complicate.

Questo campo è riservato alla _____ dei cereali.

Scrivete la vostra _____ sul foglio dell'esame.

Sono necessarie delle misure per limitare gli _____ del consumo.

Sono state mandate delle truppe in _____ al paese.

Stasera ci sarà la festa delle _____ di ingegneria.

Mia nonna metteva sempre qualche chicco di _____ nella saliera.

L'Italia _____ molti studiosi illustri.

_____ così, ti prego di non insistere!

Bisogna che pensiamo a come _____ da vivere.

Quel post potrebbe _____ uno scandalo.

Devi _____ entro quest'anno quali studi intraprendere.

Ieri alla festa Marco _____ la simpatia di tutti.

Non so quanti anni abbia, ma penso _____ alla quarantina.

Oggi fa più freddo, _____ l'inverno.

Questo tipo di notizie _____ allarmismo.

Il mio capo _____ di licenziarlo.

L'insalata di _____ è un piatto estivo.

06

SE AVETE TEMPO LIBERO...

여가 시간을 가질 수 있다면...

06
여가 시간을 가질 수 있다면...

Se avete tempo libero...

Il Lavoro rende liberi
Torino, Cavallerizza Reale,
26 ottobre –13 novembre
Toni Servillo dirige questo spettacolo che riunisce due testi di Vitaliano Trevisan, uno dei più interessanti scrittori italiani. Servillo analizza l'inferno della famiglia attraverso il punto di vista di tre operai e di tre donne borghesi. In scena, Anna Bonaiuto, Sara Alzetta, Bruna Rossi, Salvatore Cantalupo, Beppe Casales, Matteo Creon, Denis Fasolo. Info: 800-235333.

Alice nella Casa dello Specchio
Genova, Teatro della Tosse,
27 ottobre-5 novembre
Il testo di Lewis Carroll, diretto da Emanuele Conte, debutta nella giornata dedicata a celebrare sia i trent'anni di attività del teatro genovese sia il Festival della scienza, che **apre i battenti** il 27 ottobre. Info: 010-2470793.

Biagio Antonacci
Palermo, Palasport, domenica
Riprende il Convivendo tour, del cantante italiano. Fra le altre tappe: Roma (29 ottobre), Firenze (31 ottobre) e Milano (9 novembre). Info: 02-4805731.

(Tratto da Il Venerdì, n. 918, 21 Ottobre 2005, p. 85)

---

1. Di che tipo di testi si tratta?
   ① Brevi notizie di cronaca nera
   ② Pubblicità di libri in prossima uscita
   ③ Indiscrezioni di cronaca rosa
   ④ Annunci di manifestazioni artistiche

2. Chi è Toni Servillo?

    ① Il direttore della Cavallerizza Reale

    ② Il regista dello spettacolo

    ③ Il protagonista dell'opera teatrale

    ④ Il capo di tre operai

3. Il 27 ottobre non:

    ① è il primo giorno che si può vedere lo spettacolo "Alice nella Casa dello Specchio"

    ② si celebra il trentesimo anniversario di attività del Teatro della Tosse

    ③ è il giorno in cui Lewis Carroll ha scritto il testo

    ④ inizia il Festival della Scienza

4. Il Convivendo Tour:

    ① continua con la tappa di Palermo

    ② è solo a Roma, Firenze e Milano

    ③ è un tour di cantanti italiani

    ④ finisce a ottobre

5. Quale tra queste parole è sinonimo di "rende" nella frase "Il lavoro rende liberi"?

    ① Fa restituire

    ② Fa diventare

    ③ Fa pensare

    ④ Fa ricordare

6. Quale tra queste espressioni può sostituire "apre i battenti"?

    ① È battuto

    ② È acceso

    ③ È libero

    ④ È inaugurato

Vocabolario

rendere v.tr. 1) ~을 돌려 주다 2) ~을 ...하게 만들다, ~이 ...되게 하다 dirigere v.tr. ~을 감독하다, ~을 관리하다, ~을 지휘하다 riunire v.tr. ~을 합치다, ~을 모으다 analizzare v.tr. ~을 분석하다 inferno s.m. 지옥 "punto s.m. ~di vista" 관점 borghese agg. 중산층의, 유산계급 (in borghese 군복이나 경찰복을 입지 않다) scena s.f. 무대, 신 debuttare v.intr. 데뷔하다, 첫무대에 오르다 dedicare v.tr. ~을 헌정하다 celebrare v.tr. 1) ~을 거행하다 2) ~을 축하하다 tappa s.f. 여정

Esercitiamoci

Completate le seguenti frasi utilizzando il lessico appena imparato.

1	dirigere, analizzare, inferno, celebrare

Durante quel viaggio mio nonno ha patito le pene dell'_____.

Finalmente hanno deciso in quale chiesa _____ il loro matrimonio.

I dati dei sondaggi sono utili per _____ la situazione politica.

I miei due fratelli sono subentrati a mio padre nel _____ l'azienda di famiglia.

Nella letteratura mondiale non c'è nulla di paragonabile all'_____ dantesco.

Per _____ un'orchestra il semplice talento non basta, occorrono anni di studio.

Quest'anno non ho voglia di _____ il mio compleanno.

Vi chiedo di _____ i risultati delle ricerche esprimendo un parere personale.

Dalle nostre parti non _____ l'onomastico.

È lui il regista che _____ il remake del film del 1960 di cui parlavamo ieri.

2	punto di vista, borghese, debuttare, dedicare

Hanno deciso di _____ il monumento della piazza del paese all'ex-sindaco.

A volte le operazioni dei Carabinieri si svolgono in _____.

Avrà finalmente l'occasione di _____ con la sua prima mostra.

Con questi ritmi, i momenti da _____ a se stessi sono rari!

Ho voluto _____ il mio primo libro ai miei genitori.

Il _____ - in letteratura - è la prospettiva dell'autore sulla storia narrata.

La sua era una famiglia _____ da molte generazioni.

La vicenda mi incuriosisce dal _____ sociopolitico.

Non condivido il suo _____.

Volendo _____ nello spettacolo, spesso bisogna accettare compromessi.

_____ tutti i vecchi compagni di classe per una cena non è stato facile.

Il Sindaco ha deliberato di _____ la giunta comunale per l'emergenza rifiuti.

Finalmente hanno portato in _____ il loro ultimo spettacolo.

Ho modificato l'itinerario del viaggio per fare _____ a Venezia.

Quando la _____ è troppo violenta, viene censurata.

Il cane lo aiutava a _____ le pecore sparse.

Quel film l'_____celebre.

L'educazione a tavola dei tuoi figli ti deve _____ orgoglioso.

L'ultima _____ del Giro d'Italia è stata accolta da una folla enorme.

Mi sono dimenticata di _____ a Carla il libro che mi ha prestato.

Assistere a quella _____ mi ha rattristato.

Hanno chiesto all'amministratore di condominio di _____ l'assemblea straordinaria.

07

ALL'UNIVERSITÀ
대학에서

C7 대학에서

All'università

Servizio Orientamento

Il nostro servizio **è a tua disposizione** in molti modi per accompagnarti nella scelta del percorso di studi più vicino alle tue aspettative: organizziamo colloqui informativi, eventi e iniziative **durante i quali** potrai conoscere l'Università, i **docenti** e la testimonianza di studenti e professionisti. Contattaci: orienta@unive.it.

(Tratto da https://www.unive.it/pag/9870/)

---

1. Questo servizio si rivolge a chi:
   ① deve scrivere la tesi di laurea
   ② può partecipare a eventi di networking tra studenti
   ③ vuole iscriversi all'Università
   ④ vuole raccontare la sua esperienza universitaria

2. In base al testo, l'Università:
   ① offre un servizio per accompagnare gli studenti a lezione
   ② aiuta gli studenti a scegliere l'indirizzo di studi
   ③ prepara gli studenti ai colloqui di lavoro
   ④ chiede agli studenti di organizzare degli incontri

3. Qual è il significato dell'espressione "è a tua disposizione"?
   ① È in base al tuo umore
   ② Te lo puoi permettere
   ③ È utile per te
   ④ Te ne puoi servire

4. Con quale delle seguenti espressioni possiamo sostituire "durante i quali"?

    ① Nel corso dei quali

    ② Per i quali

    ③ Invece dei quali

    ④ Nonostante i quali

5. Quale tra queste parole è un sinonimo della parola "docenti"?

    ① Alunni

    ② Insegnanti

    ③ Impiegati

    ④ Segretari

Vocabolario

servizio s.m. 서비스, 근무 disposizione s.f. 1) 배치 2) 자질 3) 자유롭게 이용할 수 있음 essere a disposizione di q.lcu (누가) (물건이나 사람)을 자유롭게 이용할 수 있다 accompagnare v.tr. ~을 동반하다, ~을 수행하다 scelta s.f. 선택, 선별 percorso s.m. 주행, 여정, 코스, 진로 aspettativa s.f. 기다림, 기대 colloquio s.m. 대담, 좌담 (~di lavoro) 면접 informativo agg. 정보의, 정보를 제공하는 docente s.m. 교사, 선생님 testimonianza s.f. 증언, 증거, 표시, 증명 professionista s.m.f. 전문가

Esercitiamoci

Completate le seguenti frasi utilizzando il lessico appena imparato.

1	accompagnare, disposizione, percorso

La _____ dei mobili deve essere cambiata.

Chi ti _____ all'aeroporto?

Ero talmente stanca che ho dormito durante tutto il _____!

La mia casa è a tua completa _____.

Lungo il _____. della nostra vita incontriamo persone che ci aiutano e persone che ci ostacolano.

Mio figlio non ha molta _____ per la musica.

Non avevo la macchina, così ho chiesto a Michele se mi poteva _____ all'ospedale.

Penso che il _____ più breve per andare alla stazione sia questo.

Tengo sempre a _____ una caraffa d'acqua vicino alla scrivania.

Ti va di _____ Giorgio a Parigi?

Sono a vostra _____ per qualsiasi altro chiarimento.

2	servizio, colloquio, informativo, scelta

Non è una _____ semplice, devi pensarci bene.

Domani ho un _____ di lavoro alla Samsung.

È andato in pensione dopo trentacinque anni di _____.

Ho chiesto un _____ con il responsabile, ma non mi ha ancora risposto.

Il conto è di 80 euro, _____ incluso.

La sua è stata una _____ libera e informata.

Si tratta di un articolo _____ sulle truffe agli anziani.

Non hai _____, devi andare a parlargli.

Questo _____ è gratuito per tutti i residenti.

Saranno distribuite alcune note _____ relative al Convegno.

3	aspettativa, docente, testimonianza, professionista

La situazione è delicata, meglio rivolgersi a dei _____.

Ho avuto _____ di solidarietà da parte di tutti.

I _____ della nostra Università sono tutti di fama mondiale.

Il percorso che ho scelto ha deluso le mie _____.

Il suo film ha ottenuto un successo superiore alle _____.

La falsa _____ è un reato.

La rapina è stata sicuramente opera di _____.

Il _____ di matematica di mio fratello è il cugino di Monica.

Mario è diventato un _____ del calcio.

Appunti

08

IL SOLE FUORI DALL'ITALIA

이탈리아 밖에서 태양은

08

이탈리아 밖에서 태양은

Il sole fuori dall'Italia

Che entri il sole!

C'è chi la mattina ama essere svegliato dal sole e chi ha bisogno di dormire nel buio più totale, chiudendo tapparelle o persiane prima di andare a letto. Una cosa <u>pressoché</u> impossibile, se ci si trova in un edificio inglese. Qui la maggior parte delle finestre, oltre ad avere i caratteristici infissi a scorrimento verticale, <u>è contraddistinta dall</u>'<u>assenza</u> di tapparelle, persiane o scuri che siano. Non solo. Le tende interne, quando presenti, sono spesso di colori chiari, quasi trasparenti, quelli che insomma lasciano penetrare la luce solare nelle case.

Merce rara. Questa particolare usanza, divenuta una rispettata tradizione architettonica, nascerebbe dal fatto che il sole è per i britannici una "merce" rara (basti pensare alle brevissime British summer) e <u>non avrebbe</u> quindi <u>senso</u> proteggersi dai suoi raggi caldi e luminosi, cosa invece necessaria a chi vive nei Paesi dell'Europa mediterranea.

(Tratto da Focus Storia, n. 149 marzo, 16 febbraio 2019, p. 55)

1. Le informazioni presenti in questo testo possono essere utili:
   ① a chi fa sport all'aperto sotto il sole
   ② a chi non sa come aprire le tapparelle
   ③ a chi pensa di andare in Inghilterra
   ④ a chi cerca merce rara da acquistare

2. Quale tra le seguenti informazioni è presente nel testo?
   ① Grazie ad alcuni consigli, possiamo riuscire a dormire anche se c'è luce
   ② Nelle case inglesi le tende interne alle finestre proteggono dai raggi del sole
   ③ Negli edifici inglesi manca qualcosa che attenui la luci diretta del sole alle finestre
   ④ Gli infissi a scorrimento verticale non sono molto diffusi in Gran Bretagna

3. Quale tra queste parole ha un significato diverso?
   ① Scuri
   ② Tapparelle
   ③ Persiane
   ④ Merce

4. Quale delle seguenti parole può sostituire "pressoché"?
   ① Comunque
   ② Quasi
   ③ Anzi
   ④ Affinché

5. Quale espressione può sostituire "essere contraddistinto da"?
   ① Essere diviso da
   ② Essere selezionato per
   ③ Essere dimenticato per
   ④ Essere caratterizzato da

6. Quale tra queste parole è sinonimo del termine "assenza"?
   ① Presenza
   ② Mancanza
   ③ Essenza
   ④ Credenza

7. Che cosa significa l'espressione "non avrebbe senso"?
   ① Non sarebbe logico
   ② Non sarebbe giusto
   ③ Non avrebbe voluto
   ④ Non avrebbe potuto

Vocabolario

tapparella s.f. 블라인드 persiana s.f. 덧창 pressoché avv. 거의, 대략 caratteristico agg. 특징을 나타내는, 독특한 infisso s.m. (창문 따위의) 틀 scorrimento s.m. 활주, 흐름, 유출 verticale agg. 수직의 essere contraddistinto (da~) (da contraddistinguere v.tr.) ~의 특징을 나타내다 assenza s.f. 부재 tenda s.f. 커튼 chiaro agg. 1) 밝은 2) 이해하기 쉬운 trasparente agg. 투명한 insomma avv. 1) 요컨대, 결국 2) 좋지도 않고 나쁘지도 않다 penetrare v.intr. ~을 투과하다, ~에 침투하다, ~에 스며들다 merce s.f. 물품, 상품 usanza s.f. 관습 proteggersi v.rifl. (da~) (~무엇으로부터) 자신을 지키다 (proteggere v.tr. ~을 보호하다, ~을 지키다) mediterraneo agg. 지중해의

Esercitiamoci

Completate le seguenti frasi utilizzando il lessico appena imparato.

1	persiana, pressoché, caratteristico, essere contraddistinto

Chiudete quella _____, non sentite come sbatte per il vento?

Le loro canzoni _____ da ritornelli accattivanti e testi molto semplici.

Finire il lavoro entro domani è _____ impossibile.

Il suo stile di regia è _____ del neorealismo.

La sala d'aspetto era _____ vuota.

Sto cercando qualcosa da portare in regalo, che sia _____ di questa città.

Il nostro servizio clienti _____ offre un'assistenza ventiquattr'ore su ventiquattro, in dieci lingue.

Vorrei riverniciare le _____ di casa, sono troppo scolorite dal tempo.

Il loro progetto _____ da linee guida ben precise.

2	tapparella, infisso, scorrimento, verticale

Ho chiamato il tecnico per sistemare la _____ perché non si alza.

Gli _____ con il doppio vetro sono un optional.

I massi caduti per la frana hanno bloccato lo _____ del fiume.

Penso sia arrivato il momento di cambiare gli _____ delle finestre.

La corsia a sinistra è a _____ veloce.

La divisione delle responsabilità sul lavoro è sia _____ che orizzontale.

D'estate teniamo le _____ abbassate per mantenere il fresco.

Per direzione _____ si intende quella dall'alto al basso, o viceversa.

3	assenza, tenda, chiaro, insomma, mediterraneo

_____, per farla breve, ho deciso di licenziarmi.

A casa dei miei ogni _____ ha lo stesso colore della carta da parati.

Anche la discussione più complessa si risolve parlando in modo _____.

Taormina è una località dal fascino tipicamente _____.

Sono tenuti a descrivere le motivazioni o spiegarne l'_____.

Avete capito? Tutto _____?

I prezzi esagerati spiegano l'_____ di clienti in quel negozio.

La _____ da doccia è facile da installare.

La risposta "_____" alla domanda "ti piace?" significa "non tanto".

Quest'anno va di moda l'azzurro _____.

Le zone dal clima _____ sono piacevoli anche in inverno.

Come va? _____... e tu?

4	penetrare, usanza, proteggersi, proteggere, merce, trasparente

È un tipo diretto e _____.

Cerco solo di _____ la mia famiglia.

_____ dal sole è molto importante.

Qui a tavola è _____ servirsi da soli.

La _____ viene controllata prima del carico.

La polvere riesce a _____ anche all'interno dei tessuti e dei materassi.

L'uomo nella fotografia _____ dalla pioggia con un giornale.

Per le piccole aziende non è facile _____ in un nuovo mercato.

Per una _____ così rara, i compratori si trovano sempre.

Questa antica _____ romana si è tramandata fino ai nostri giorni.

Se il finanziamento non è abbastanza _____, la banca avvia un'inchiesta.

_____ l'ambiente deve diventare un obiettivo comune.

09

SE AVETE FAME...

출출할 때라면...

출출할 때라면...

Se avete fame...

Crocchette di pollo al papavero
Petto di pollo macinato 500 g, una mozzarella, un fungo porcino, basilico, farina, pangrattato, 2 uova, semi di papavero, olio extravergine, sale, pepe
DOSI PER 6 PERSONE
TEMPO: CIRCA 40'
Riducete la mozzarella a dadini. Tritate il fungo, pulito, con alcune foglioline di basilico, quindi **amalgamate** il trito con la carne di pollo macinata; salate e pepate. Dividete il composto in 18 porzioni, formate altrettante crocchette e inserite in **ciascuna** un dadino di mozzarella. Passatele quindi nella farina, nelle uova sbattute e nel pangrattato mescolato con una cucchiaiata di semi di papavero. Arrostite le crocchette in padella, in un **velo** d'olio caldo e servitela subito; guarnite, a piacere con spicchi di limone.

(Tratto da La Cucina Italiana, Gli speciali Quadratum n. 11, marzo 2004, p. 18)

1. A chi si rivolge questo testo?
   ① Agli allergici ai funghi
   ② Agli amanti delle crocchette di pesce
   ③ A chi cerca una ricetta per il pollo
   ④ A chi vuole preparare un dolce con il papavero

2. Quale informazione è presente nel testo?
   ① Il fungo porcino può essere anche secco
   ② Bisogna aggiungere del peperoncino
   ③ Le crocchette sono per 18 persone
   ④ Possiamo decorare il piatto con del limone a pezzi

3. La mozzarella:
   ① va usata intera
   ② deve essere di bufala
   ③ va messa dentro le crocchette
   ④ deve essere tritata

4. Quale tra queste parole è un sinonimo di "amalgamare"?
   ① Mescolare
   ② Separare
   ③ Cuocere
   ④ Macinare

5. Con quale parola possiamo sostituire "ciascuna"?
   ① Alcuna
   ② Ognuna
   ③ Una
   ④ Qualche

6. Che cosa significa nel testo la parola "velo"?
   ① Tessuto leggero
   ② Piccola padella
   ③ Lieve strato
   ④ Velocemente

Vocabolario

crocchetta s.f. 크로켓 papavero s.m. 양귀비 mozzarella s.f. 모짜렐라 치즈 "fungo s.m. ~porcino" 포르치니 버섯 dose s.f. 함유량, 분량 ridurre v.tr. 1) ~을 줄이다, ~을 축소하다 2) ~을 ~으로 만들어버리다 dadini s.m.plur. (요리) 사각형 모양으로 썬 것 (복수로 사용함) amalgamare v.tr. ~을 섞어주다, ~을 혼합하다 tritare v.tr. ~을 잘게 썰다 trito s.m. 잘게 썬 재료 agg. 잘게 썬 macinare v.tr. ~을 빻다, ~을 갈다 dividere v.tr. ~을 나누다 composto s.m. 혼합물 porzione s.f. (음식의) 1인분 formare v.tr. ~을 형성하다 inserire v.tr. ~을 삽입하다, ~을 집어넣다 sbattere v.tr. 1) (contro q.lco) ~에 격하게 부딪치다 2) ~을 휘젓다 3) (문을) 쾅 닫다 arrostire v.tr. ~을 굽다 padella s.f. 프라이팬 guarnire v.tr. ~을 꾸미다, (요리) ~을 곁들이다 spicchio s.m. (작은) 조각

Esercitiamoci

Completate le seguenti frasi utilizzando il lessico appena imparato.

1	arrostire, spicchio, tritare, trito, sbattere

Mi ricordo di quando mia nonna _____ la carne per fare sue famose polpette.

È caduto e _____ la testa.

Consiglio di aggiungere uno _____ d'aglio al soffritto.

Non sopporto più quella finestra che _____ per il vento.

Guarda, si intravede un sottile _____ di luna calante.

Hai preparato il _____ di aglio e prezzemolo per l'arrosto?

Non _____ a porta quando esci!

Per fare il pesto alla genovese bisogna _____ sia il basilico che gli _____ d'aglio.

Per Natale hanno deciso di _____ un maialetto alla brace.

Se continui a guardare il telefonino mentre guidi finisce che vai a _____.

Preferisco non _____ la carne in casa, perché altrimenti rimane l'odore per giorni.

Per _____ il rosmarino usa la mezzaluna che è nel cassetto.

2	crocchetta, papavero, porzione, guarnire, ridurre

Dopo aver mangiato una doppia _____ di gelato mi è venuto il mal di stomaco.

Le _____ di patate che servono in quel ristorante sono surgelate.

Per _____ la torta ho usato dei fiori in pasta di zucchero.

Quella foto ritrae un bellissimo campo di _____ rossi.

Vorrei _____ quel vestito con nastri colorati.

Forse una _____ di pasta non basta.

Si sono incontrati per discutere alcune strategie per _____ i costi di produzione.

Mi hanno regalato un mazzo di _____.

La decisione di _____ l'orario di lavoro non ha portato i risultati sperati.

Mia zia sa preparare delle _____ di carne buonissime!

I _____ appassiscono subito.

Il terremoto _____ in frantumi le finestre.

3	formare, padella, amalgamare, inserire, macinare

Anche se _____ le mie credenziali corrette, non riesco ad accedere.

Ci sono volute diverse settimane prima che si riuscisse a _____ un nuovo governo.

Cuocere le verdure in _____ a fuoco lento per una decina di minuti.

Essendo arrivati molti giocatori nuovi, bisogna _____ bene il gruppo.

Dalle nostre parti il cavolo si passa in _____ con olio, aglio e pancetta.

Sono riusciti a _____ una nuova alleanza.

La ricetta dice di _____ la farina con acqua tiepida.

Marcello, per favore, _____ questi documenti in una busta.

La crema è troppo grumosa, la dobbiamo _____ meglio.

Per avere un risultato migliore, _____ i pinoli in un mortaio di marmo.

4	composto, dividere, mozzarella, dose, dadini, fungo porcino

Potete aggiungere all'insalata di riso del prosciutto cotto tagliato a _____.

Dobbiamo _____ i profitti tra tutti gli investitori.

Dopo alcuni minuti, aggiungere al _____ lo zucchero e il latte.

Il colore non si stende molto bene, devo aver sbagliato le _____ del diluente.

È più comodo _____ il processo di produzione in tre fasi.

Ho diritto anch'io alla mia _____ di felicità.

Per me un panino con speck e _____, grazie.

Per questa ricetta è necessario _____ gli albumi dal tuorlo.

Sulla pizza preferisco la _____ di bufala a quella fior di latte.

Per cena potrei preparare un risotto ai _____.

Quando cucino la carbonara, ci metto la pancetta tagliata a _____ molto piccoli.

10

NELLA CASA DEI SOGNI...

꿈에 그리던 집에서...

10

꿈에 그리던 집에서...

Nella casa dei sogni...

Lo studio? Chic e smart

Lungo e <u>stretto</u>, <u>sfrutta la luce</u> di una grande finestra ed è organizzato con scrivania e mensole fatte su misura, in modo da 'sparire' nella parete di fondo. E un maxi pannello sulla panca è perfetto per realizzare le moodboard dei progetti di restyling.

(Tratto da Casa Facile, anno XXIII n. 2, 6 febbraio 2019, p. 118)

---

1. Di che cosa parla questo testo?
   ① Di una scrivania
   ② Di una stanza
   ③ Di una casa
   ④ Di un giardino

2. Quale informazione è presente nel testo?
   ① Nello studio c'è una finestra
   ② Sulla scrivania c'è un grande pannello
   ③ Le mensole sono della misura sbagliata
   ④ La parete è stata abbattuta

3. Quale tra queste parole può sostituire "chic" nel titolo del testo?
   ① Elegante
   ② Vivace
   ③ Casual
   ④ Eccentrico

4. Qual è il contrario di "stretto"?

    ① Corto

    ② Largo

    ③ Sottile

    ④ Ridotto

5. Che cosa significa "sfrutta la luce"?

    ① Forza la luce a entrare dalla finestra

    ② Spegne la luce della stanza

    ③ Utilizza in modo funzionale la luce

    ④ Filtra la luce che entra in casa

6. Quale tra le seguenti parole è sinonimo di "sparire"?

    ① Sperare

    ② Dividere

    ③ Apparire

    ④ Scomparire

Vocabolario

studio s.m. 1) 학업 2) 서재 chic agg. 세련된, 멋진 lungo 1) agg. 긴 2) prep. ~을 따라 sfruttare v.tr. ~을 활용하다 organizzare v.tr. 1) ~을 조직(화)하다 2) ~을 기획하다, ~을 설계하다 mensola s.f. 선반 misura s.f. 치수 (misurare v.tr. ~을 재다) sparire v.intr. ~이 숨다, ~이 사라지다 panca s.f. 긴 의자 realizzare v.tr. 1) ~을 실현하다, ~을 성취하다 2) ~을 깨닫다, ~을 이해하다 moodboard s.m. 무드 보드 (설명과 이미지가 결합된 판)

Esercitiamoci

Completate le seguenti frasi utilizzando il lessico appena imparato.

1	chic, lungo, sfruttare, organizzare

Dovresti _____ il tuo lavoro per priorità.

Ogni tanto si dovrebbe _____ una partita a calcetto, invece di stare sempre seduti sul divano.

Parigi è una città molto _____, certe volte sembra di essere in una fiaba!

Per fare gol, dovete _____ ogni occasione che vi si presenta.

Per un _____ periodo, l'antica Roma ha dominato sul continente europeo.

Sandra si veste sempre in modo molto _____ .

Secondo me, "La corazzata Potëmkin" è un film troppo _____ e noioso.

Spesso mi piace riunire i miei amici e _____ una giornata insieme in campagna.

Un _____ viaggio comincia sempre con un piccolo passo.

Voglio _____ a pieno le abilità della mia squadra per raggiungere l'obiettivo.

Mentre camminava _____ il fiume arrivò una telefonata inaspettata.

2	mensola, misura, misurare, sparire

A causa degli incendi della scorsa estate, alcuni animali come i koala rischiano di _____ .

Il professore ci ha spiegato cosa si _____ in Watt e cosa in Volt.

La _____ che ha montato Fabrizio è un po' storta, riesci a sistemarla?

La capienza di uno zaino si _____ in litri.

Ricordo che Valeria aveva una piccola collezione di VHS su una _____ sopra il letto.

Il palco di questo teatro ha una botola speciale che permette di far _____ le persone.

La macchia di caffè sulla mia giacca non _____ .

Se hai bisogno del dizionario, lo trovi sulla _____ sopra la mia scrivania.

Mi aiuti a _____ la lunghezza del divano?

3	realizzare, moodboard, studio, panca

All'università la materia di _____ più difficile era fisica.

Mia nonna aveva una _____ in legno intarsiato del Settecento.

Finalmente Luca _____ l'importanza di quello che è successo!

Giulia vuole _____ un progetto ambizioso per salvaguardare gli animali del parco.

Paolo ha iniziato a lavorare per un grosso _____ legale di Milano.

Per _____ il nuovo ponte di Genova occorrono circa 18 mesi.

In stazione non c'è nemmeno una _____ per riposare le gambe.

Quando era giovane passava molte ore nello _____ a leggere e a scrivere.

Se non hai ancora una visual identity non è la fine del mondo, ma comincia almeno a creare la tua _____ .

Spero tanto tu riesca a _____ il tuo sogno.

Un _____ è lo strumento ideale per mostrare ai clienti la visione del nostro concept.

Vorrei dedicare qualche anno allo _____ del tedesco.

Appunti

11

LA RINASCITA DEI LIBRI
책의 재탄생

11. 책의 재탄생

La rinascita dei libri

Nasce la Digital Library d'Italia
Presto online il nostro patrimonio culturale: 101 archivi e 46 biblioteche.
Si tratta di una piattaforma digitale unica per i <u>vari</u> istituti italiani che sarà finanziata con 2 milioni di euro dallo Stato, una Digital Library Italiana che <u>valorizzerà</u> l'immenso capitale conservato nei 101 archivi di Stato e nelle 46 biblioteche statali. <u>Di fatto</u> sarà un'unica grande biblioteca nazionale digitale che metterà a disposizione di chiunque ne faccia richiesta il patrimonio librario del nostro Paese.

(Tratto da Ulisse, Magazine Alitalia, anno XXXIX n. 392, luglio 2017, p. 51)

---

1. La Digital Library d'Italia è utile per chi è interessato a:
   ① aprire una biblioteca
   ② scannerizzare dei libri
   ③ fare ricerca
   ④ investire del denaro

2. In base al testo, quale tra le seguenti informazioni è corretta?
   ① I libri presenti in 147 istituti statali saranno disponibili online
   ② La piattaforma digitale Digital Library d'Italia è già online
   ③ Ci sono 2 milioni di biblioteche nazionali in Italia
   ④ L'uso della biblioteca nazionale digitale è riservato ai professori

3. Qual è il vantaggio di avere una Digital Library d'Italia?
   ① Risparmiare milioni di euro dello Stato e altri immensi capitali
   ② Avere un unico grande database dei libri italiani da poter consultare online
   ③ Chiunque potrà prendere in prestito i volumi cartacei dalla grande biblioteca nazionale
   ④ Poter controllare il valore dei libri presenti negli archivi dello Stato

4. Quale tra le seguenti parole può sostituire la parola "vari"?
   ① Separati
   ② Unici
   ③ Scarsi
   ④ Diversi

5. Qual è il contrario di "valorizzare"?
   ① Investire
   ② Svalutare
   ③ Far circolare
   ④ Utilizzare

6. Con quale tra le seguenti espressioni possiamo sostituire "di fatto"?
   ① In sostanza
   ② Infatti
   ③ Di conseguenza
   ④ Per cui

Vocabolario

archivio s.m. 아르카이브 biblioteca s.f. 도서관 istituto s.m. 기관 finanziare v.tr. ~을 재정적으로 지원하다 valorizzare v.tr. 더 높은 가치를 부여하다 conservato agg. 보관된 conservare v.tr. ~을 보관하다 statale agg. 국가의 chiunque pron.inv. 누구라고 하더라도 richiesta s.f. 요구, 요청 patrimonio s.m. 재산, 유산 librario agg. 책의

Esercitiamoci
Completate le seguenti frasi utilizzando il lessico appena imparato.

1	archivio, biblioteca, finanziare, valorizzare

Ti va di andare insieme in _____? Devo restituire un libro.
Ci sono diverse proposte per _____ il centro storico.
Grazie all'_____ di Stato ho raccolto abbastanza fonti per la mia tesi.
Ho una mia piccola _____ personale di libri di diritto.
Il Comune di Seoul _____ spettacoli pirotecnici a cui partecipano ditte italiane.
In quella _____ sono custoditi manoscritti molto antichi.
In un _____ è essenziale organizzare i materiali in ordine cronologico.

Solo la partecipazione di artisti noti può _____ il programma di un festival.

La proposta di _____ la costruzione di un nuovo aeroporto è stata bocciata.

Per _____ l'offerta accademica bisogna puntare sulla qualità.

L'_____ storico è aperto dal lunedì al venerdì.

Quelle associazioni _____ da anni la ricerca scientifica.

2	chiunque, librario, statale, patrimonio

Ci sono dei lavori in corso sulla strada _____ che porta fuori città.

Ha dilapidato il _____ di famiglia.

Con l'incendio della biblioteca è svanito un patrimonio _____ immenso.

Per quella giacca ha speso un _____ !

Non sono affatto d'accordo che _____ possa diventare un leader.

Ha deciso di provare il concorso per diventare impiegato _____ .

I prezzi nel settore _____ sono stabili.

Ci sono delle nuove proposte per la valorizzazione del _____ immobiliare pubblico.

La carta per gli sconti è personale e non può essere utilizzata da _____ .

Occorrono più misure per la salvaguardia del nostro _____ culturale.

_____ potrà partecipare all'evento.

3	conservato, conservare, istituto, richiesta

La mia compagna di classe è diventata rappresentante di _____ .

Dovete _____ una copia del contratto.

Finalmente hanno accolto le nostre _____ .

L'_____ Italiano di Cultura ha organizzato molte iniziative interessanti questo mese.

Tu sai come si _____ il salame?

Purtroppo hanno ignorato la loro _____ di aiuto.

Il ruolo del capo dell'_____ va oltre la funzione amministrativa.

Nel museo in cui andremo domani c'è un antichissimo manoscritto medievale ben _____ .

Possono essere fornite su _____ ulteriori informazioni.

Prima dell'invenzione del freezer, il ghiaccio si _____ in questo modo.

Appunti

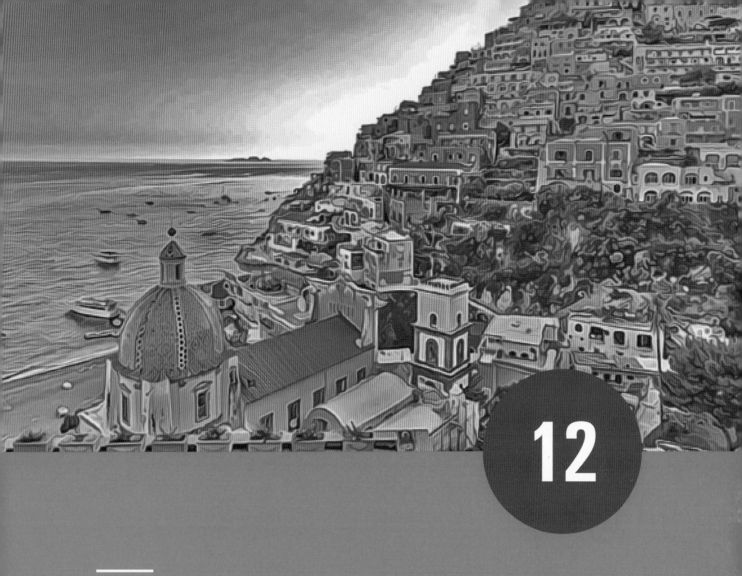

COSA NASCONDONO GLI OGGETTI?

물건이 숨기는 것은 무엇일까?

12

물건이 숨기는 것은 무엇일까?

Cosa nascondono gli oggetti?

La forma delle cose

Ci sono oggetti con cui trascorriamo gran parte della nostra vita. Che guardiamo più a lungo di una persona cara e tocchiamo più spesso di un amico a quattro zampe. Eppure, <u>a furia di</u> averli davanti agli occhi, ci dimentichiamo che, oltre a una funzione, hanno una bellezza innata, un'eleganza fatta di mille sfumature, curve e spigoli in cui è facile perdersi. A ricordarcelo è il duo artistico Lucilla Barbieri e Fabrizio Coppi, tra i più noti fotografi di still-life, con i loro esperimenti giovanili, raccolti per la prima volta nel libro Coppi Barbieri, Early Works 1992-1997 (Damiani). Gli oggetti ritratti sono ordinari, <u>che più ordinari non si può</u> (fiori, vasi, contenitori, abiti). Eppure, <u>basta</u> il riflesso di un pannello color pastello sul metallo, per far emergere da una caffettiera o una grattugia un'aura quasi fatata. <u>Basta</u> un filtro fotografico impolverato per trasformare un bicchiere in un dipinto alla Morandi. Solo i grandi artisti creano, partendo dal nulla, una magia straordinaria. E Coppi Barbieri - scelti, non a caso, da Chanel, Cartier, Estée Lauder, Fendi, Gucci, Louis Vuitton per le loro campagne - ci riescono da sempre.

(Tratto da Amica, n. 3, marzo 2019, p. 110)

1. Gli oggetti comuni che ci circondano:
   ① hanno una funzione pratica, ma non sono né belli né eleganti
   ② possono diventare opere d'arte se fotografati da chiunque
   ③ con l'aiuto di un riflesso o un filtro particolare si possono trasformare in arte fotografica
   ④ sono stati scelti da Chanel, Cartier, Estée Lauder, Fendi, Gucci e Louis Vuitton per le loro case di campagna

2, Coppi Barbieri:
   ① si occupano di ritratti di persone care e animali domestici
   ② è una giovane promessa del mondo della fotografia
   ③ è il titolo di un libro sul rapporto tra moda e fotografia
   ④ sono stati scelti per alcune iniziative pubblicitarie di marchi famosi

3. In base al testo:
   ① passiamo molto tempo con gli oggetti attorno a noi
   ② Morandi spesso fotografa bicchieri
   ③ c'è della polvere nel filtro della caffettiera
   ④ i fiori e i vasi non sono oggetti ordinari

4. Con quale delle seguenti espressioni possiamo sostituire "a furia di"?
   ① A meno di
   ② Al pari di
   ③ A forza di
   ④ A dispetto di

5. Che significato ha l'espressione "che più ordinari non si può"?
   ① Non possono essere ordinari
   ② Sono molto ordinari
   ③ Sono più ordinari di così
   ④ Non sono sicuramente ordinari

6. Quale tra questi è un sinonimo di "basta" nel significato usato nel testo?
   ① È sufficiente
   ② Manca
   ③ Smettila
   ④ È necessario

Vocabolario

trascorrere v.tr. (시간 등을) 보내다 toccare v.tr. ~을 만지다 eppure cong. 그러나, 그럼에도 불구하고 dimenticare v.tr. ~을 잊어버리다 oltre a 이외에 innato agg. 타고난, 선천적인 sfumatura s.f. 음영, 농담 curva s.f. 곡선, 커브 spigolo s.m. 모서리, 각 ritrarre v.tr. ~을 (그림 등으로) 묘사하다, ~을 그리다 bastare v.intr. ~이 넉넉하다, ~으로 충분하다 riflesso s.m. 반사, 투영 pastello s.m. 파스텔 pannello s.m. 패널 metallo s.m. 금속 colore s.m. 색 emergere v.intr. 1) ~이 나타나다, ~이 떠오르다, ~이 출현하다 2) 두각을 나타내다 caffettiera s.f. 커피포트 grattugia s.f. 강판 aura s.f. 아우라, 독특한 분위기 filtro s.m. 필터 impolverato agg. 먼지가 덮인 trasformare v.tr. ~을 바꾸다, ~을 변형시키다

Esercitiamoci

Completate le seguenti frasi utilizzando il lessico appena imparato.

1	trascorrere, toccare, eppure, oltre a, innato

_____ rapporto professionale, tra noi esiste un'amicizia di lunga data.

Con il _____ del tempo solitamente il rancore si affievolisce.

E _____ danno economico, dovrà risarcire anche il danno morale.

Cosa c'è di più piacevole che _____ una serata tra vecchi amici?

È pericoloso _____ lo sportello del forno quando è acceso.

È una popolazione con un _____ senso del rispetto per gli anziani.

Erano concorrenti, _____ si rispettavano a vicenda.

Il talento _____ serve a poco se mancano forza di volontà e disciplina.

Io gli avevo consigliato di iscriversi a legge, _____ ha scelto medicina.

Non _____ il mio computer, tutte le volte mi spariscono i file!

_____ non voler studiare, non vuole nemmeno lavorare!

2	sfumatura, curva, spigolo, ritrarre, bastare

Per maggiori informazioni _____ andare sulla nostra pagina Facebook.

Non so perché, ma i soldi non mi _____ mai.

A causa della neve ho slittato in _____ e ho ripreso la strada per un pelo.

Questa _____ di beige è perfetta per la carta da parati della sala.

Meglio coprire gli _____, sono pericolosi per i bambini.

Questo dipinto _____ il Ponte di Rialto.

Frenare in _____ è il tipico errore da principiante timoroso.

L'artista _____ in quest'opera se stesso e la sua famiglia.

Nei capelli tinti le _____ aumentano l'effetto di naturalità.

Potrebbe non _____ la manovra economica per risolvere la crisi.

Rientrando a luci spente e un po' ubriaco, ho sbattuto contro lo _____ del tavolo.

Una prolungata esposizione ai raggi solari può _____ a causare diversi problemi alla pelle.

Per raggiungere l'hotel _____ prendere l'autobus num. 3.

3	dimenticare, riflesso, pannello, metallo, pastello

Sinceramente preferirei dipingere i mobili con tonalità _____ : chiare e tenui.

Abbaiare forte è il _____ del cane da guardia all'avvicinarsi di sconosciuti.

Gli attrezzi sono custoditi in una scatola di _____ .

Il _____ del sole sull'acqua del mare era di colore argento.

In città si vedono sempre più abitazioni con _____ solari.

Non potrò mai _____ la vostra meravigliosa accoglienza!

Per individuare a quale _____ siamo allergici, occorre fare una serie di test.

Puoi modificare le impostazioni dal _____ di controllo.

Un sorriso inaspettato fa _____ anche la giornata più nera.

Per la camera dei bambini i colori _____ sono i più adatti.

Penso di _____ di spegnere le luci.

4	emergere, caffettiera, grattugia, aura

Alle volte l'_____ positiva o negativa di una singola persona influenza tutto il gruppo.

Dove hai messo la _____ per il formaggio?

Grattugiare la buccia di un limone biologico con una piccola _____ .

Alla fine _____ che aveva copiato all'esame.

Era un cantante straordinario: _____ su tutti i suoi contemporanei.

Nella pensione non è prevista la prima colazione, ma viene fornita una _____ e tutto il necessario per fare il caffè.

Per _____ si intende un campo di energia degli esseri viventi, ma non esistono prove scientifiche.

Fissava in lontananza gli scogli che _____ con la bassa marea.

Riempire la _____ è il mio primo rito del mattino.

È una persona senza _____ : dice tutto quello che pensa.

Il testimone non ricorda il _____ degli occhi dell'aggressore.

A causa dei lavori di ristrutturazione del vicino tutti i miei mobili sono _____ .

Il successo _____ le persone, solitamente in peggio.

Il restauro dello scorso anno _____ molto il dipinto.

Sono allergica alla polvere, quindi devo evitare tutti gli ambienti _____ .

Il _____ della superficie può modificarsi con il tempo.

Questa è una riproduzione di uno dei primi televisori a _____ .

Il _____ del depuratore va sostituito ogni sei mesi.

Appunti

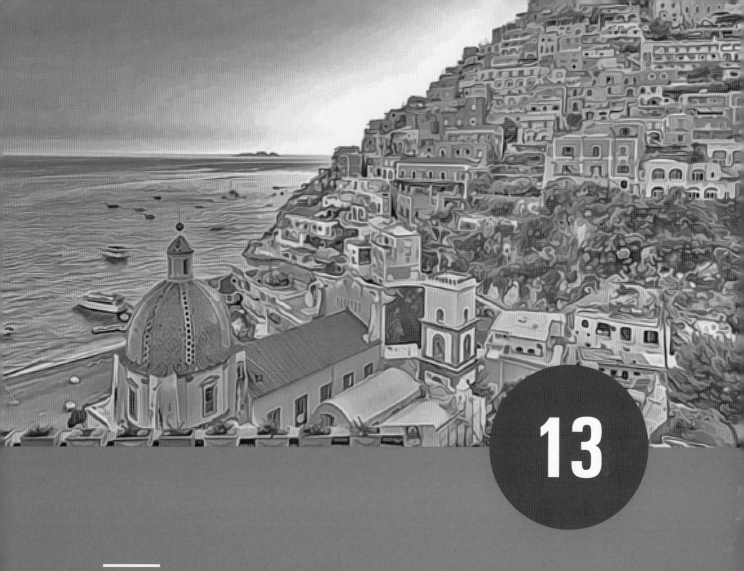

13

CONOSCETE QUESTO PRODOTTO?

이런 제품 알고 있었니?

13 이런 제품 알고 있었니?

Conoscete questo prodotto?

Marrons Glacés Agrimontana
Eleganti espressioni di gusto.
Un gusto avvolgente che rapisce il palato e conquista i sensi. I marroni, selezionati, canditi e glassati <u>con cura</u> da Agrimontana, diventano <u>golosi</u> gioielli di pasticceria. Un tesoro confezionato in tre formati, tre idee regalo uniche e pronte a <u>rivelare</u> l'autentico sapore della natura, assaggio dopo assaggio. Dalla passione e dalla qualità Agrimontana, una storia che merita di essere assaporata.

(Tratto da Espansione, anno 48 n. 12, dicembre 2016, p. 45)

---

1. Di che tipo di testo si tratta?
   ① Una ricetta
   ② Una pubblicità
   ③ Una notizia
   ④ Una poesia

2. I marroni del testo sono:
   ① dei colori per dipingere
   ② dei gioielli d'oro
   ③ dei vestiti eleganti
   ④ dei canditi

3. In base al testo:
   ① questo prodotto Agrimontana è molto gustoso
   ② questi eleganti gioielli di pasticceria sono un regalo
   ③ i marroni sono disponibili in tre diversi colori
   ④ è possibile assaggiare più volte prima di acquistare

4. Con quale tra le seguenti espressioni non possiamo sostituire "con cura"?

   ① Con attenzione

   ② Con premura

   ③ Con urgenza

   ④ Con riguardo

5. Quale può essere il contrario di "golosi"?

   ① Sofisticati

   ② Disgustosi

   ③ Squisiti

   ④ Costosi

6. Quale tra queste parole può sostituire "rivelare"?

   ① Far scoprire

   ② Nascondere

   ③ Riuscire

   ④ Far odiare

Vocabolario

gusto s.m. 1) 미각 2) 맛 3) 취향 4) 미적 감각 avvolgere v.tr. ~을 둘러싸다, ~을 휘감다 rapire v.tr. ~을 강탈하다, ~을 유괴하다 palato s.m. 1) 입천장 2) 미각 conquistare v.tr. 1) ~을 정복하다, ~을 쟁취하다 2) (사람의 마음을) 사로잡다 marrone 1) s.m. 밤, 밤나무, 마롱 2) s.m. e agg. 밤색(의) candito agg. 설탕을 넣고 절인 s.m. 설탕으로 절인 과일 glassato agg. 윤기를 입힌, 설탕을 입힌 goloso agg. 1) 맛있는, 식도락의 2) 열망하는 confezionare v.tr. 1) ~을 포장하다 2) (옷을) 제작하다 rivelare v.tr. ~을 알리다, ~을 보여주다 autentico agg. 진정한, 원본의, 확실한 assaggio s.m. 1) 시식 2) 미리 느껴지는 맛, 예감 passione s.f. 열정 meritare v.tr. ~을 받을 만하다 v. intr. impers. ~을 할 만한 가치가 있다 assaporare v.tr. 1) 맛을 음미하다 2) ~을 즐기다 ambiguo agg. 모호한

Esercitiamoci

Completate le seguenti frasi utilizzando il lessico appena imparato.

1	gusto, avvolgere, assaporare, ambiguo, candito, conquistare

_____ definitivamente la città nel 1942.

Ti piacerà sicuramente Giorgio: come te, ha _____ per la musica e la pittura.

Uno degli ingredienti del panettone è la frutta _____.

Si percepiva chiaramente un alone di mistero che _____ la città.

Dopo tutti questi anni, finalmente potrà tornare ad _____ la libertà.

Secondo me, il suo discorso è volutamente _____.

La paprika dà un _____ particolare al piatto, ti consiglio di aggiungerla.

Rispose alla domanda del giornalista con una frase piuttosto _____.

Presto, passami una benda da _____ attorno alla ferita!

Quando l'ha chiamato, _____ una tazza di caffè nero.

Quel regista gode di una reputazione _____.

Serve qualcosa di dolce per mascherare il _____ dei farmaci.

Vedi, ognuno ha i suoi _____: io adoro i libri di poesie, tu ami i gialli, mentre a lui piacciono i saggi.

Ho guarnito il dolce con dei _____.

Ha scritto un libro su come _____ la persona che si ama.

2	palato, marrone, glassato, goloso, rapire, assaggio

A chi ha il _____ fine consiglio quella trattoria laggiù.

I cuochi che partecipano alla competizione stanno offrendo un _____ delle loro specialità.

Quando era bambino dei banditi lo _____.

Entrando si possono sentire odori di salumi e formaggi che stuzzicano il _____.

Il pubblico è _____ di notizie scandalistiche.

Mi piacerebbe provare a preparare le castagne _____ a casa.

Mio marito è _____ di dolci.

Per il mio compleanno vorrei una torta _____.

Preferisce la giacca nera o quella _____?

La sua musica _____ il cuore.

Vuoi andare a raccogliere i _____ nel bosco?

Potrebbe darci un _____. delle Sue capacità?

Non _____ nemmeno parlarne!

Al centro commerciale c'è una zona dove _____ regali.

I nostri studenti _____ un premio.

Il protagonista di quella telenovela è accecato dalla _____.

L'indagine _____ che i testimoni avevano mentito.

Mio zio ha la _____ per la pesca.

Per le pratiche è necessaria una copia _____ dei documenti.

Potrebbe darmi qualche suggerimento su come _____ un pacco da spedire all'estero?

Quell'armadio è un mobile _____ del 1800.

Quella mostra _____ sicuramente una visita.

Ti prego di non _____ i miei segreti!

Gli chiesi il perché, e la sua risposta _____ molta ignoranza.

Se vuoi la mia opinione, la questione non _____ la nostra attenzione.

FINALMENTE I CONSIGLI CHE CERCAVO...

드디어 찾았던 충고를...

14. 드디어 찾았던 충고를...

Finalmente i consigli che cercavo...

I consigli del giardiniere per le piante grasse

Per mantenere belle e sane le vostre piante, di seguito alcuni consigli e indicazioni per innaffiatura, esposizione e concimazione.

Luce. Un soleggiato davanzale è spesso il punto di partenza per iniziare una collezione di piante grasse. Si adattano bene alle correnti d'aria e agli sbalzi di temperatura.

Acqua. Le piante grasse non hanno bisogno di molta acqua. Durante l'inverno le annaffiature si riducono a una, due volte al mese, mentre il primavera e in estate una volta ogni sette, dieci giorni. La quantità d'acqua da distribuire deve generalmente bagnare in modo uniforme tutta la terra senza però ristagnare.

Temperatura. Essendo <u>per lo più</u> originarie di paesi molto caldi, preferiscono il caldo. <u>In linea di massima</u> comunque le piante grasse vegetano bene con temperature intorno ai 20˚C. Generalmente prediligono ambienti non umidi.

Terriccio. Le piante grasse non hanno particolari <u>esigenze</u> di terreno. In ogni caso si consiglia un terreno poroso e ben drenato, quindi i terreni tendenti al sabbioso.

Concimazione. In generale la concimazione <u>si rende necessaria</u> una, due volte l'anno nelle dosi consigliate dal prodotto.

Rinvaso. La crescita delle piante grasse è piuttosto lenta, quindi il rinvaso va fatto solamente quando le dimensioni della pianta superano quelle del vaso.

(Tratto da coop.fi - dal 18 luglio al 13 agosto 2019 - speciale piante grasse, p. 2)

---

1. Questo testo si rivolge a chi:

   ① vuole dare consigli a un giardiniere professionista

   ② non sa come coltivare le rose nel suo giardino

   ③ vuole sapere come curare le piante grasse

   ④ vuole innaffiare e concimare l'orto

2. Secondo i consigli presenti nel testo, bisogna:
   ① evitare di far ingrassare le piante
   ② innaffiare con molta acqua tutti i giorni
   ③ concimare una o due volte all'anno
   ④ rinvasare sempre lentamente

3. Quale tra le seguenti informazioni non è presente nel testo?
   ① I davanzali esposti al sole non sono adatti
   ② Le piante grasse preferiscono gli ambienti non umidi
   ③ Sono consigliati i terreni sabbiosi
   ④ Bisogna bagnare uniformemente tutta la terra

4. Con quale espressione non possiamo sostituire "per lo più"?
   ① Nella maggior parte dei casi
   ② Eccezionalmente
   ③ Di solito
   ④ Prevalentemente

5. Che cosa significa "in linea di massima"?
   ① In particolare
   ② In concreto
   ③ In realtà
   ④ In generale

6. Quale tra queste parole non è un sinonimo di "esigenza"?
   ① Bisogno
   ② Necessità
   ③ Abbondanza
   ④ Richiesta

7. Qual è il significato dell'espressione "si rende necessario"?
   ① Diventa necessario
   ② Si restituisce il necessario
   ③ Non è necessario
   ④ Garantisce il necessario

Vocabolario

consiglio s.m. 충고, 조언 giardiniere s.m. 정원사 "pianta s.f. ~grassa" 다육식물 mantenere v.tr. 1) ~을 유지하다, ~을 지탱하다 2) ~을 부양하다 innaffiatura s.f. 물주기 concimazione s.f. 비료주기 soleggiato agg. 해가 드는, 양지바른 davanzale s.m. 창턱 adattarsi v. rifl. ~에 적응하다 "corrente s.f. ~d'aria" 기류 sbalzo s.m. 급변 distribuire v.tr. ~을 분배하다, ~을 나누어주다 bagnare v.tr. ~을 적시다 ristagnare v.intr. ~이 흐르지 않다, ~이 침체하다

Esercitiamoci

Completate le seguenti frasi utilizzando il lessico appena imparato.

1	consiglio, giardiniere, pianta grassa, mantenere, innaffiatura

Deve _____ da solo tutta la famiglia.

Ha fatto tesoro dei suoi _____ .

Dicono che le _____ siano più semplici da curare.

Fare sport aiuta a _____ la forma fisica.

Il _____ ha fatto davvero un buon lavoro nel tagliare le siepi.

Mamma, ho bisogno di un _____ .

Sto pensando di acquistare un sistema di _____ automatica.

Tengo delle piccole _____ sulla scrivania.

Vorrei _____ la nostra amicizia.

Vorrei assumere un _____ che si prenda cura delle mie rose.

Non capisco perché tu non abbia seguito il mio _____ .

In inverno, attenzione a non esagerare con l'_____ .

Per il mio compleanno Luca mi ha regalato un bellissimo vaso di _____ .

2	concimazione, soleggiato, davanzale, corrente d'aria, sbalzo

All'ultimo piano c'è una bellissima terrazza _____ .

Hai provveduto tu alla _____ delle piante?

Attento a non ammalarti con questi _____ di temperatura!

C'è molta _____ qui, meglio spostarci.

I bambini di quell'età hanno spesso _____ di umore.

Il gatto dorme sul _____ della finestra.

Meglio dire ai ragazzi di evitare le _____ .

Per domani è prevista una giornata _____ .

Questo tipo di piante non richiede una _____ eccessiva.
Il vaso di fiori è caduto dal _____.

3	distribuire, bagnare, ristagnare, adattarsi

Ci vuole del tempo per _____ alla situazione.
Il capo ieri _____ i compiti tra i suoi dipendenti.
Il nostro obiettivo è _____ i nostri prodotti in tutto il mondo.
La produzione industriale _____.
Mio fratello non riesce ad _____ al nuovo lavoro.
Non _____ il pavimento!
Quel fiume _____ spesso.
Ricordati di _____ le piante tutte le sere!
Quando prepariamo lo zaino, bisogna fare attenzione a _____ il peso in modo corretto.

15

—

NOTIZIE DAL MONDO DELLA DIPLOMAZIA

외교가 소식

15

외교가 소식

Notizie dal mondo della diplomazia

Giappone – Russia, la svolta mancata, The Diplomat Giappone
La visita ufficiale di Vladimir Putin in Giappone a dicembre del 2016 e il colloquio con il primo mi-nistro Shinzo Abe non hanno portato grandi risultati in merito alla disputa territoriale tra Mosca e Tokyo in corso dalla fine della seconda guerra mondiale. La disputa riguarda quattro isole dell'ar-cipelago delle Curili, che i giapponesi chiamano Territori settentrionali. Finita la guerra, l'Unione Sovietica dichiarò l'annessione dell'arcipelago, e il trattato di San Francisco del 1951 sancì che Tokyo doveva rinunciare a ogni rivendicazione su quei territori. Per settant'anni, tuttavia, la questione è sta-ta un nodo irrisolto nei rapporti tra i due paesi, che non hanno mai firmato un trattato di pace. Putin e Abe hanno deciso di avviare colloqui su possibili attività economiche congiunte sulle isole contese, nell'ambito di un accordo speciale che permetterà agli ex residenti giapponesi delle isole di visitarle senza restrizioni. I due leader, scrive The Diplomat, hanno firmato accordi commerciali e si sono im-pegnati a risolvere la questione del trattato di pace.

(Tratto da Internazionale, anno 24 n. 1186, 6 gennaio 2017, p. 31)

---

1. La disputa di cui parla il testo:
    ① è stata definitivamente risolta
    ② interessa alcune isole
    ③ è tra Tokyo e San Francisco
    ④ nacque durante la Grande Guerra

2. In base al testo, Vladimir Putin:
    ① ha ricevuto una visita di Shinzo Abe a Mosca
    ② ha dichiarato l'annessione delle isole Curili alla Russia
    ③ ha sottoscritto un accordo commerciale con Abe
    ④ ha deciso di visitare le isole contese

3. Quale tra queste informazioni non è presente nel testo?

  ① I Giapponesi chiamano le isole Curili "Territori settentrionali"

  ② Russia e Giappone non hanno mai firmato un trattato di pace

  ③ Il trattato del 1951 stabilì che Tokyo doveva rinunciare all'arcipelago

  ④ Le attività economiche sulle isole Curili inizieranno l'anno prossimo

4. Quale tra le seguenti espressioni non può sostituire "in merito alla"?

  ① Grazie alla

  ② A proposito della

  ③ Riguardo alla

  ④ Relativamente alla

5. La parola "nodo" è usata nel testo col significato di:

  ① centro

  ② problema

  ③ punto principale

  ④ intreccio

6. Qual è il significato della parola "congiunte"?

  ① Vicine una all'altra

  ② Simili tra loro

  ③ Divise in due

  ④ Fatte in comune

Vocabolario

svolta s.f. 1) 전환점 2) 선회 mancato agg. 달성하지 못한, 실패한 disputa s.f. 논쟁 territoriale agg. 영토의 arcipelago s.m. 군도, 열도 trattato s.m. 조약 rinunciare v.tr. ~을 포기하다 rivendicazione s.f. 1) 요구 사항, 권리 주장 2) 자신들의 소행이라는 주장 nodo s.m. 1) 매듭 2) 곤란, 장애 3) (문제 따위의) 핵심, 요점 4) 얽힘 5) 교차점, (교통의) 요지 irrisolto agg. 해결하지 못한 risolvere v.tr. ~을 해결하다 accordo s.m. 협약 restrizione s.f. 제약, 한정

Esercitiamoci

Completate le seguenti frasi utilizzando il lessico appena imparato.

1	svolta, mancato, disputa, territoriale

Che cosa succede in caso di _____ pagamento di una rata?

Durante il conflitto procedettero all'annessione _____ dell'isola.

La _____ era amichevole e si placò in breve tempo.

Le conseguenze di un _____ accordo tra le parti potrebbero essere disastrose.

Occorre promuovere al più presto delle politiche per lo sviluppo _____.

Questa scoperta segnerà una _____ decisiva!

Si accese tra i due una _____ inutile e interminabile.

Sono a un punto di _____ nella loro vita.

Lorenzo è un pittore _____.

Due _____ a destra e siete arrivati.

2	arcipelago, trattato, rinunciare, rivendicazione, nodo

Indubbiamente è questo il _____ della questione.

Abbiamo deciso di fare un'escursione in barca nell'_____ della Maddalena, in Sardegna.

È arrivata la _____ dell'attentato da parte di un gruppo estremista.

Ha deciso di _____ all'eredità dei suoi genitori.

I sindacati hanno esposto le loro _____ con audacia.

Il _____ di pace determinò il confine tra le nazioni coinvolte.

L'_____ delle Eolie è una meta perfetta per le vacanze estive.

L'Ungheria è stata la prima a ratificare il _____ di Lisbona.

Non ho ancora imparato a fare il _____ alla cravatta.

Secondo me sta solamente cercando una scusa per _____.

Una decina di anni fa hanno apportato dei miglioramenti al _____ ferroviario della città.

3 irrisolto, accordo, restrizione, risolvere

Alla televisione parlavano di un delitto _____ da più di vent'anni.

Ho bisogno del tuo aiuto per _____ questo problema.

Il fatto che siano state imposte _____ alla sua libertà è inaccettabile!

La partecipazione è aperta a tutti senza _____.

Nonostante le indagini approfondite, il caso rimase _____.

Questo _____ sarà vantaggioso per tutti.

Sebbene sia trascorso molto tempo non è ancora riuscito a _____ la questione.

Siamo venuti per proporvi un _____.

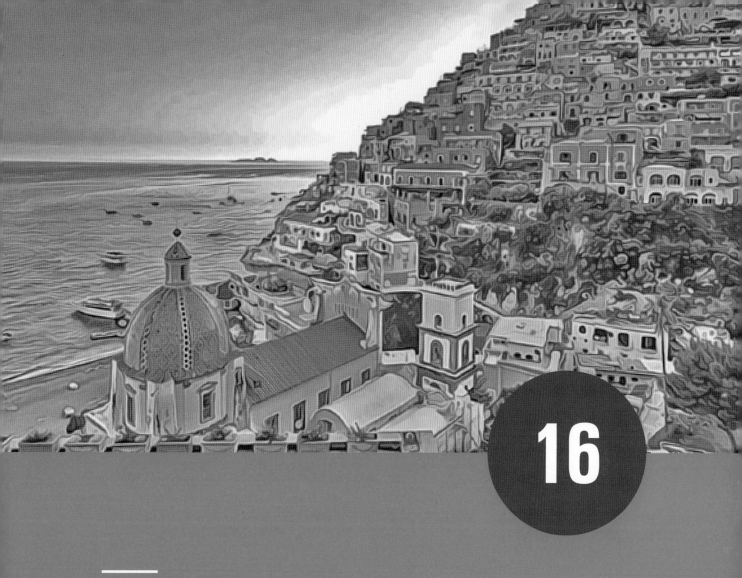

16

DILEMMA SULLA CURIOSITÀ
호기심의 딜레마

16

호기심의 딜레마

Dilemma sulla curiosità

La curiosità aumenta o riduce l'incertezza?

Oltre a essere essenziale per l'apprendimento, lo è, su scala più ampia, anche per il nostro benessere, immediato e futuro. Apprendere nuove informazioni, infatti, favorisce una migliore rappresentazione di ciò che per noi ha valore: un processo cruciale, per esempio, quando dobbiamo prendere una decisione. In tal senso, se da un lato la curiosità può spingerci verso la ricerca di qualcosa di nuovo, senza scopo, che apre altre strade e potenzialità di ricerca, dall'altro lato ci aiuta a conoscere il mondo e a ridurre l'incertezza su quali sono i comportamenti ottimali da mettere in atto nel futuro. Questo aspetto, inoltre, fa sì che la curiosità rappresenti anche un tratto evolutivo per l'uomo e per altri animali. Tuttavia, anche un eccesso di curiosità può risultare in qualche modo dannoso, distogliendoci dai compiti che dobbiamo svolgere.

(Tratto da Mind, anno XVII n. 170, febbraio 2019, p. 37)

---

1. Chi tra queste persone può apprezzare maggiormente questo testo?
   ① Bambini dai 6 agli 8 anni
   ② Matematici, chimici e fisici
   ③ Persone interessate al funzionamento della mente
   ④ Padroni di animali domestici

2. Secondo il testo, la curiosità:
   ① è fondamentale per il nostro benessere
   ② ha un ruolo minimo nel nostro apprendimento
   ③ aumenta l'incertezza sul nostro comportamento
   ④ è sempre positiva

3. Quale tra le seguenti informazioni non è presente nel testo?
   ① Imparare qualcosa di nuovo ci aiuta a dare valore alle cose
   ② La curiosità favorisce la conoscenza del mondo
   ③ L'aspetto fisico è un tratto evolutivo degli uomini e degli animali
   ④ Essere troppo curiosi può distrarci

4. Quale espressione può sostituire "in tal senso"?
   ① Al contrario
   ② In queste cose
   ③ Attualmente
   ④ A questo riguardo

5. Quale tra le seguenti parole non è sinonimo di "scopo"?
   ① Scoperta
   ② Obiettivo
   ③ Fine
   ④ Meta

6. Che cosa significa l'espressione "fa sì che"?
   ① È il fatto che
   ② Fa in modo che
   ③ Poiché
   ④ Visto che

Vocabolario

curiosità s.f. 호기심 aumentare v.tr. ~을 늘리다, ~을 증가시키다 incertezza s.f. 불확실성 essenziale agg. 본질적인 apprendimento s.m. 학습 scala s.f. 1) 계단, 사다리 2) 규모, 축척 benessere s.m. 1) (정신적·육체적·물질적) 행복, 만족, 안락 2) (국민의) 복지 apprendere v.tr. 1) ~을 배우다 2) ~을 알게 되다 processo s.m. 1) 과정 2) 재판 cruciale agg. 결정적인 spingere v.tr. 1) ~을 밀. 2) ~을 추진하다 3) ~을 하도록 만들다, ~에 이르게 하다 scopo s.m. 목적 potenzialità s.f. 가능성, 잠재력 ricerca s.f. 1) 연구 2) 검색 comportamento s.m. 행동, 행위 evolutivo agg. 진화하는 dannoso agg. 위험한 distogliere v.tr. 1) ~을 벗어나게 하다, ~을 단념하게 하다 2) 주의를 산만하게 하다, 주의를 다른 데로 돌리다 3) (시선을) 돌리다

Esercitiamoci

Completate le seguenti frasi utilizzando il lessico appena imparato.

1	curiosità, aumentare, incertezza, essenziale

La padrona di casa ci ha comunicato di voler _____ l'affitto del 5%.

Anche quest'anno l'_____ dei mercati non si attenua.

È assolutamente _____ tenere conto di tutti i fattori coinvolti.

I suoi affari personali destano _____ tra i fan.

L'_____ del futuro genera molta preoccupazione tra i nostri studenti.

Negli ultimi anni le spese _____ considerevolmente.

Penso che sia una sana _____ intellettuale e che vada stimolata.

Questi sono i requisiti _____ per accedere al programma.

Si dice che questa tendenza potrebbe _____ nei prossimi anni.

2	processo, cruciale, scopo, ricerca, potenzialità

Per avere risultati migliori, occorre organizzare una _____ sistematica e seria.

Devi provare a valorizzare le tue _____.

È _____ continuare a finanziare questa causa.

Lo _____ di questa _____ è trovare delle soluzioni realistiche al problema.

È necessario accrescere le _____ dell'azienda.

Non ha potuto presentarsi al _____.

Il momento è _____, non possiamo farci sfuggire questa occasione!

Mi chiedo quale sia lo _____ di questo tipo di pubblicità.

Per ottenere profitti ci hanno suggerito di cambiare totalmente il _____ di vendita.

Sul nostro sito è possibile effettuare una _____ con parole chiave.

3	comportamento, evolutivo, dannoso, distogliere, spingere

La famiglia lo _____ sempre dal lavoro.

Attenzione, non solo potrebbe essere inutile, ma addirittura _____.

Proviamo a _____ la macchina fino alla discesa?

Il _____ dei partiti ha destato molta sorpresa.

In questo caso è necessaria un'interpretazione _____.

Non riuscivo a _____ lo sguardo.

Ormai lo sanno tutti, il fumo è _____ alla salute.

Questo è il punto, dobbiamo _____ verso nuovi mercati.

Questi fattori hanno accelerato il naturale processo _____.

Il suo _____ è riprovevole.

Stanno provando in ogni modo a _____ la mia attenzione.

La situazione lo _____ alla disperazione.

4	benessere, scala, apprendimento, apprendere

Si stanno preparando a produrre su larga _____.

Quando _____ la notizia è scoppiato in lacrime.

I corsi di _____ online sono molto popolari.

Dice che la sauna le dà un piacevole senso di _____.

Non correre giù per le _____!

_____ una lingua straniera non è per niente facile.

Il primo obiettivo è raggiungere un _____ diffuso.

Per appendere quel quadro forse è meglio usare la _____.

Giuseppe _____ con grande facilità.

17

—

UN ESPERIMENTO INTERESSANTE
흥미로운 실험

17

흥미로운 실험

Un esperimento interessante

> **Qualcosa o niente?**
> I ricercatori hanno indagato nelle scimmie rhesus come il «nulla» viene codificato nel cervello. Hanno perciò alternato su un monitor un quadrato di volta in volta con differenti gradi di luminosità. Gli animali dovevano indicare se lo avevano visto oppure no, e intanto alcuni elettrodi nella loro corteccia cerebrale registravano l'attività neuronale. In altri test il monitor restava buio. Particolarmente interessanti erano i test con stimoli molto deboli, perché gli animali a volte percepivano lo stesso stimolo, e a volte non lo percepivano. I ricercatori potevano così escludere che le cellule nervose del cervello reagissero solamente all'assenza del quadrato ma non alla percezione soggettiva di «qualcosa» o di «nulla».
>
> (Tratto da Mind, anno XVII n. 170, febbraio 2019, p. 95)

1. Gli animali di cui parla il testo sono:
   ① particolarmente interessanti
   ② una specie di scimmie
   ③ sensibili alla luce
   ④ molto deboli

2. Durante il test di cui parla il testo:
   ① gli animali dovevano accendere il monitor
   ② è stata registrata l'attività dei neuroni degli animali
   ③ i ricercatori hanno parlato agli animali
   ④ gli animali hanno percepito sempre lo stesso stimolo

3. Lo scopo di questa ricerca è capire:
   ① come distinguiamo i quadrati dai cerchi
   ② se i monitor sono abbastanza luminosi
   ③ come il cervello reagisce al «nulla»
   ④ quanto bene gli animali vedano qualcosa

4. Che cosa significa l'espressione "di volta in volta"?
   ① Ogni volta
   ② Il più delle volte
   ③ C'era una volta
   ④ Due volte

5. Con quale parola possiamo sostituire "intanto" nel testo?
   ① Dunque
   ② Nonostante ciò
   ③ Comunque
   ④ Nel frattempo

6. Quale può essere tra questi il contrario di "stesso"?
   ① Forte
   ② Uguale
   ③ Differente
   ④ Ripetuto

Vocabolario

indagare v.tr. ~을 연구하다, ~을 조사하다 v.intr. ~에 대해 조사하다 scimmia s.f. 원숭이 codificare v.tr. 1) 법전으로 편찬하다, (법을) 성문화하다 2) ~을 체계화하다 3) ~을 코드화하다, ~을 암호화하다 cervello s.m. 뇌 alternare v.tr. ~을 번갈아 하다 monitor s.m. 모니터 grado (s.m.) di luminosità 조도 indicare v.tr. ~을 지시하다 elettrodo s.m. 전극 "corteccia s.f. ~celebrale" 대뇌 피질 neuronale agg. 신경세포의 stimolo s.m. 자극 percepire v.tr. ~을 지각하다, ~을 감지하다 escludere v.tr. 1) ~을 배제하다 2) ~을 제외시키다 "cellula s.f. ~nervosa" 신경세포 reagire v.intr. (a~) ~에 반응하다, ~에 반발하다 soggettivo agg. 주관적인

Esercitiamoci

Completate le seguenti frasi utilizzando il lessico appena imparato.

1	indagare, alternare, indicare, cellula nervosa

Si usa _____ sullo stesso appezzamento di terra la coltivazione di ortaggi diversi.

La data di scadenza _____ sulla confezione.

La membrana delle _____ ricopre un ruolo importante.

In questi giorni la Polizia _____ sul traffico di stupefacenti.

Mi saprebbe _____ per cortesia la strada per la stazione?

Per trovare una soluzione, occorre che gli studiosi _____ a fondo le cause del problema.

Questo farmaco può aiutare a prevenire i danni alle _____.

Sarebbe meglio _____ lo studio con dei momenti di pausa.

Bisogna _____ sempre in bibliografia l'edizione di riferimento.

2	scimmia, monitor, percepire, escluder.

Anche tu _____ un'atmosfera pesante oggi?

È un'ipotesi che possiamo _____.

Finalmente ha comprato un nuovo _____ per il computer.

Il peluche preferito di Marina è una piccola _____ azzurra.

Antonio non _____ che la situazione si possa risolvere in tempi ridotti.

Non stare così vicino al _____! Ti rovini la vista!

Si _____ l'astio che hai nei suoi confronti.

Mio figlio vuole andare allo zoo a vedere le _____.

Lo scorso semestre l'_____ dall'esame.

3	grado di luminosità, neuronale, stimolo, corteccia cerebrale

Ciò può influenzare il meccanismo _____ del cervello.

I sintomi potevano indicare una lesione alla _____.

Comincio a sentire gli _____ della fame.

È possibile regolare il _____ del monitor.

La sua ricerca è finalizzata all'analisi dell'attività _____ nell'apprendimento.

L'autopsia ha rivelato un'emorragia nella _____.

Probabilmente ha bisogno di uno _____ in più per affrontare gli studi.

I _____ disponibili si selezionano tramite il telecomando.

Scrisse quel testo con lo scopo di _____ le regole grammaticali della sua lingua madre.

Le considerazioni che hai fatto sono _____.

Il paziente _____ bene alla nuova terapia.

A partire dal 2004 è stato proibito l'uso di _____ di quel materiale.

Il Rullo di Jefferson fu inventato per _____ messaggi.

Non farti trascinare dalle emozioni, usa il _____!

Ci sono voluti diversi anni per _____ il diritto civile.

Ti consiglio di ordinare il _____ di agnello, è una specialità del posto.

L'esperimento è condotto tramite alcuni _____ collegati al paziente.

Devi provare a _____ alla situazione.

È pur sempre un'opinione _____.

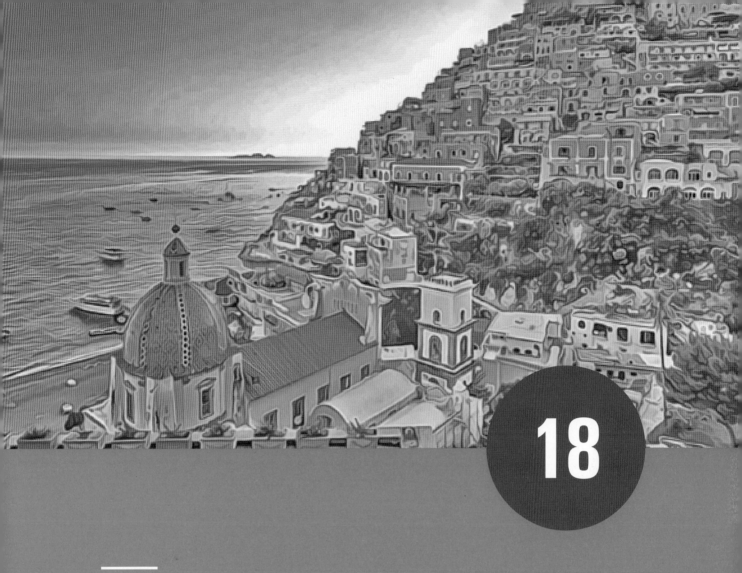

18

—

NOTIZIE DAL MONDO DELL'ECONOMIA

경제가 소식

18

Notizie dal mondo dell'economia

Aumento della forbice dei salari

A partire dal 1980 circa la produttività dei lavoratori statunitensi è <u>raddoppiata</u>, secondo Josh Bivers e altri, dell'Economic Policy lnstitute.

Ma i salari degli addetti alla produzione e ai lavori non direttivi sono rimasti <u>stagnanti</u>, e praticamente tutti i guadagni dovuti all'aumento della produttività sono andati a investitori e proprietari. I compensi dell'1 per cento delle persone ai vertici, compresi gli alti dirigenti d'azienda e i professionisti della finanza, sono tuttavia saliti <u>di oltre il</u> 150 per cento tra il 1979 e il 2012. La crescita del divario salariale ha un ruolo significativo nell'alimentare la disuguaglianza.

(Tratto da Le Scienze, n. 606, 1 febbraio 2019, p. 43)

---

1. In base al testo, la produttività è raddoppiata, ma:
    ① non è aumentata abbastanza
    ② i guadagni non sono stati distribuiti equamente
    ③ gli investitori sono diminuiti del 150 per cento
    ④ gli stipendi sono cresciuti dell'1 per cento

2. Secondo il testo, le persone ai vertici:
    ① sono gli addetti ai lavori non direttivi
    ② hanno ricevuto stipendi sempre più alti
    ③ non includono i professionisti della finanza
    ④ hanno investito tutto il denaro guadagnato

3. Il divario salariale:
   ① ha un ruolo importante nell'industria alimentare
   ② tra il 1979 e il 2012 è aumentato
   ③ dal 1980 è stagnante
   ④ non riguarda i compensi degli alti dirigenti d'azienda

4. Quale tra questi è il contrario di "raddoppiata"?
   ① Dimezzata
   ② Mediata
   ③ Duplicata
   ④ Sdoppiata

5. Qual è il significato di "stagnanti"?
   ① Che diminuiscono vertiginosamente
   ② Insicuri e parziali
   ③ Senza movimento o sviluppo
   ④ Vicino a uno stagno

6. Con che espressione possiamo sostituire "di oltre il"?
   ① Esattamente del
   ② Meno del
   ③ Di circa il
   ④ Di più del

Vocabolario

aumento s.m. 증가, 상승, 인상, 확대 forbice s.f./divario s.m. ~dei salari/salariale 소득 격차, 임금 격차 produttività s.f. 생산성 raddoppiare v.tr. ~을 두 배로 만들다, ~을 배가하다, ~을 중복시키다, ~을 (현저하게) 늘이다 addetto agg. (a~) 할당된, 배속된, 담당하는, 사용된 s.m. 정해진 업무를 맡은 사람, 어떤 부서에서 일하는 사람, 담당자 direttivo agg. 지도하는 stagnante agg. 흐르지 않는, 정체된, 부진한, 침체된 investitore s.m. 1) 투자가 2) 충돌 사고를 일으킨 사람이나 차량 proprietario s.m. 소유자 compenso s.m. 1) 보수, 월급 2) 보상, 균형 맞추기 (in compenso 대신에, ~의 보상으로, 반면에) dirigente s.m. 간부, 경영자 finanza s.f. 재무, 재정 alimentare v.tr. 1) ~을 양육하다, 음식을 주다 2) ~을 북돋우다, ~을 더욱 자극하다 agg. 식품의 disuguaglianza s.f. 불평등

Esercitiamoci

Completate le seguenti frasi utilizzando il lessico appena imparato.

1	aumento, forbice salariale, produttività, raddoppiare

Ho saputo dell'_____ del prezzo della benzina, è inaccettabile.

Inoltre, continua ad aumentare la _____ tra uomini e donne.

L'_____ dei consumi è sempre una buona notizia per l'economia.

La _____ tra il nord e il sud del paese si aggira intorno al 35 per cento.

La "_____ matrimoniale" indica la frequenza dei concepimenti all'interno di una popo-lazione.

La società Autostrade vuole _____ il numero di corsie sulla tratta Genova-Tortona.

Per migliorare la _____ dobbiamo aumentare lo stipendio degli operai.

Per finire il progetto in tempo, dobbiamo _____ i ritmi di lavoro.

2	addetto, direttivo, stagnante, investitore, proprietario

È difficile aprire un'attività commerciale in un mercato _____.

Emma, la figlia del _____ del podere, ha preso in marito il medico del villaggio.

I poteri dello staff _____ sono pressoché illimitati in questa compagnia.

Il _____ dell'appartamento è mio nonno, io ci vivo soltanto.

Il consiglio _____ dell'Associazione è composto da tre membri eletti per una durata di 2 anni.

Il personale _____ alle pulizie in questa compagnia è molto gentile.

Il sindaco è l'uomo seduto accanto all'assessore _____ ai rapporti con ASL e servizi sociali.

L'_____ non si è fermato a soccorrere la vittima ed è fuggito.

L'ingresso è vietato ai non _____ ai lavori.

La crescita demografica italiana resta _____.

L'acqua _____ raccoglie molti germi e batteri, è meglio non berla.

Un _____ è una persona pronta a correre dei rischi.

3 compenso, dirigente, finanza, alimentare, disuguaglianza

Queste politiche contribuiscono ad _____ l'inflazione.

"Schiavitù, _____ e inimicizia" è l'opposto del motto della rivoluzione francese.

Faccio sempre più fatica a distinguere tra esperti di _____ e bancarottieri.

Ho eseguito un bonifico con il _____ per il lavoro svolto.

Il _____ è il diretto responsabile di ciò che succede a scuola, ma può rivalersi sugli insegnanti.

Ieri sono arrivato in ufficio con due ore di ritardo, ma in _____ ho lavorato ininterrottamente fino alle otto di sera.

Oggi alle 16:00 ci sarà la riunione dei _____.

La crescente _____ sociale ed economica è figlia della società consumistica.

La guardia di _____ ha effettuato un controllo a tappeto su tutti gli esercizi commerciali del comune.

L'industria _____ è in una fase di trasformazione, ben presto tutti smetteremo di mangiare la carne.

Il _____ scolastico sta valutando di sospendere lo studente che ha rubato i soldi per la gita.

Stamattina ho chiesto un aumento del mio _____ mensile, invece mi hanno licenziato.

Siate più cauti nel valutare gli altri: _____ in voi la dolcezza e la disponibilità.

L'appartamento è molto piccolo, ma in _____, si trova in un quartiere meraviglioso.

FINALMENTE UN PO' DI DESIGN...

드디어 디자인에 대해서...

19

드디어 디자인에 대해서...

Finalmente un po' di design...

Caffettiere: tutti pazzi per...
Con il suo rituale fatto di lentezza, profumi e borbottii, la moka ancora oggi dà un piacere inossidabile ai cultori del caffè 'fatto come una volta'. Fin dal 1933 è un'icona, e come tale vive di infinite rivisitazioni, nella forma e nei materiali.

(Tratto da Casa Facile, anno XXIII n. 2, 6 febbraio 2019, p. 37)

Sedie nere: Il dettaglio decisivo...
Il colore più iconico, quello che non passa mai di moda e sta bene con tutto, incontra 10 diversi materiali e produce otto sedute 'grafiche'. Così belle che vien voglia di averne subito una. Anche solo come sedia in più, quando arriva un amico...

(Tratto da Casa Facile, anno XXIII n. 2, 6 febbraio 2019, p. 39)

---

1. Il primo testo parla:
    ① di come fare un buon caffè
    ② della macchinetta con cui si prepara il caffè
    ③ dei modi per pulire la caffettiera ossidata
    ④ di chi ama il caffè espresso

2. A che cosa si riferisce la parola "borbottii", presente nel primo testo?
    ① Al suono del caffè quando esce dalla moka
    ② Alla velocità con cui si beve l'espresso
    ③ Alle chiacchiere delle persone che bevono il caffè
    ④ All'odore del caffè appena macinato

3. Che cosa significa l'espressione "fatto come una volta", presente nel primo testo?
　① Realizzato una volta ogni tanto
　② Fatto una volta sola
　③ Preparato come nel passato
　④ Fatto abitualmente

4. Le sedie di cui parla il secondo testo:
　① sono di colori differenti
　② sono di otto tessuti simili
　③ sono state realizzate da un grafico
　④ sono di materiali diversi

5. Che cosa significa l'espressione "non passa mai di moda", presente nel secondo testo?
　① Anche se il tempo passa, fanno sempre tendenza
　② Più trascorre del tempo, meno sono alla moda
　③ A differenza di prima, diventano di moda
　④ Non c'erano mode così in passato

6. Nel secondo testo il "ne" della parola "averne" a che cosa si riferisce?
　① Alle grafiche
　② Alla voglia
　③ Alle sedie
　④ Alla moda

Vocabolario

caffettiera s.f. 커피포트 rituale s.m. 의례, 관례 agg. 제의적인, 의식의 lentezza s.f. 느림 profumo s.m. 향수 borbottio s.m. 1) 중얼거림 2) 둔탁한 소리 inossidabile agg. 녹슬지 않는 cultore s.m. 애호가, 전문가 icona s.f. 아이콘 infinito agg. 무한의 s.m. 무한 rivisitazione s.f. 재해석 dettaglio s.m. 세부 decisivo agg. 결정적인 grafico agg. 그래픽의, 그래프의, 그려진, 생생한

Esercitiamoci

Completate le seguenti frasi utilizzando il lessico appena imparato.

1	caffettiera, rituale, lentezza, profumo, borbottio

Alcuni lavano la _____ solo con l'acqua, senza usare il detersivo.

Dal corridoio si sentiva il _____ degli studenti che aspettavano l'insegnante.

Ho dimenticato la _____ sul fuoco!

La _____, soprattutto in autostrada, può essere più pericolosa della velocità.

Nella stanza si sentiva un meraviglioso _____ di fiori freschi.

Non salto mai la mia _____ passeggiata della domenica mattina.

Penso che risalga ad un antico _____, ma non ne sono sicura.

Per il suo compleanno ho pensato di comprarle una _____.

Ricordo ancora con chiarezza il _____ delle torte che faceva mia nonna.

Si muoveva con _____ verso di me.

Si sente in lontananza il _____ del tuono.

2	cultore, icona, rivisitazione, dettaglio

Il termine "otaku" indica i _____ appassionati di una certa materia o prodotto, a cui si dedicano in maniera ossessiva.

Cliccate sull'_____ che apparirà sullo schermo.

Il professore propone una _____ di quell'autore.

In questa foto vediamo un _____ di uno specchio del 1700.

Questo genere cinematografico ha molti _____.

Mi ritengo un vero _____ di musica jazz.

Quel cuoco è famoso per la sua particolare _____ delle ricette tradizionali della cucina italiana.

Negli atenei italiani, il _____ della materia collabora a titolo gratuito con i professori universitari per le attività didattiche.

È diventata un'_____ del cinema!

Chiedi a lui, conosce nel _____ tutte le procedure.

Sono interessato ai _____, potrebbe fornirmeli?

Bisogna saper agire nel momento _____.

La sua azienda vende prodotti in acciaio _____ per l'industria alimentare.

Il mio computer ha una scheda _____ obsoleta.

Il tuo aiuto è stato _____, non so come ringraziarti!

Questo prodotto si usa per lucidare l'acciaio _____.

"L'_____" è una delle poesie più famose di Giacomo Leopardi.

Per la presentazione dei dati, ti consiglio di usare delle rappresentazioni _____.

L'universo è davvero _____?

Queste etichette possono essere considerate dei piccoli capolavori di arte _____.

Questo ciclo si ripete all'_____.

Quel dipinto è di una bellezza _____: non smetterei mai di guardarlo!

LA TERRA TREMA IN BIRMANIA
버마의 흔들리는 땅

20

버마의 흔들리는 땅

La terra trema in Birmania

Birmania, dopo il sisma, Irrawaddy, Birmania

Il 24 agosto nella Birmania centrale un terremoto di magnitudo 6,8 della scala Richter ha ucciso quattro persone e danneggiato quasi 400 pagode. Per recuperare il patrimonio di Bagan - 2.200 strutture tra templi, pagode e monasteri costruiti tra l'800 e il 1200 - dal 5 settembre l'Unesco formerà gruppi di volontari insieme al dipartimento di archeologia della città e al museo nazionale per il recupero, la pulizia e la catalogazione delle rovine. Ci sono già cinque squadre all'opera, scrive lrrawaddy, ma <u>non sono sufficienti</u>. Subito dopo il sisma, le autorità locali hanno cominciato a ripulire dai detriti la zona archeologica allarmando gli esperti, preoccupati che gli interventi scriteriati potessero rovinare per sempre il sito, la principale attrazione turistica del paese. Così dal 5 settembre monaci, guide turistiche, gruppi di visitatori, squadre di soccorritori e militari parteciperanno al corso di formazione. <u>A quanto pare</u> Bagan non è stata inserita dall'Unesco tra i patrimoni dell'umanità proprio per gli interventi <u>scadenti</u> di restauro fatti in passato.

(Tratto da Internazionale anno 23 n. 1169, 2 settembre 2016, p. 29)

1. Il sisma di cui parla il testo:
    ① ha distrutto 2200 templi
    ② si è verificato all'inizio di agosto
    ③ ha colpito la Birmania centrale
    ④ è stato avvertito solo a Bagan

2. Secondo il testo:
    ① dopo il terremoto nessuno è intervenuto a ripulire
    ② l'Unesco interverrà per aiutare i bambini della zona
    ③ ci sono già cinque gruppi di volontari sul posto
    ④ ci sarà un corso per chi vuole diventare archeologo

3. Quale tra le seguenti affermazioni non è corretta?
    ① A causa del terremoto sono morte quattro persone
    ② I monasteri a Bagan sono stati costruiti tra l'Ottocento e il Milleduecento
    ③ Il sito archeologico di Bagan è un'importante meta turistica
    ④ Bagan è tra i siti patrimonio dell'Umanità dell'Unesco

4. Che cosa significa "non sono sufficienti"?
    ① Non sono abbastanza
    ② Non hanno le capacità
    ③ Non sono eccellenti
    ④ Sono indispensabili

5. Con quale espressione possiamo sostituire "a quanto pare"?
    ① Non capisco se
    ② Contrariamente a quanto
    ③ Sembra che
    ④ Rispetto a quanto

6. Quale tra questi è il contrario di "scadenti"?
    ① Di qualità mediocre
    ② Eccellenti
    ③ Parziali
    ④ Discreti

Vocabolario

terremoto s.m. 지진 magnitudo s.f.inv. 지진의 등급, 진도 recuperare v.tr. 1) ~을 회복하다, ~을 되찾다 2) ~을 복구하다, ~을 다시 사용하게 만들다 3) (파괴·상실의 따위) ~에서 구해내다 4) ~을 회수하다 5) (쓰레기의 따위를) 재활용하다 6) (일·강의 따위를) 보충하다 (recupero s.m.) patrimonio s.m. 재산, 유산 struttura s.f. 구조 tempio s.m. 신전 monastero s.m. 수도원 volontario s.m. 자원 봉사자 archeologia s.f. 고고학 pulizia s.f. 청소 catalogazione s.f. 목록작업 rovina s.f. 1) 몰락, 파멸 2) 유적, 폐허 (복수로) squadra s.f. 팀 sufficiente agg. 충분한 sisma s.m. 지진 autorità s.f. 1) 권한, 권력 2) 당국, 권력 기관 detrito s.m. 파편 scriteriato agg. 판단력이 없는 attrazione s.f. 1) 끌어당기는 힘 2) 매력 3) 구경거리 turistico agg. 관광의 soccorritore s.m. 구조원 scadente agg. 열악한 restauro s.m. 복원

Esercitiamoci

Completate le seguenti frasi utilizzando il lessico appena imparato.

1	terremoto, magnitudo, recuperare, patrimonio, tempio

In caso di assenza dello studente, l'insegnante non è obbligato a _____ la lezione.

È necessario agire per proteggere il nostro _____ artistico.

Il _____ è rivolto verso Est, si presume per ragioni pratiche, in quanto veniva principalmente utilizzato all'alba.

Non so a quanto ammonti il suo _____, ma supera sicuramente i 100 milioni di euro.

Il _____ di Sendai e del Tōhoku del 2011 è rimasto impresso nella memoria di tutti noi.

Per _____ la password, digitare il numero di cellulare inserito in fase di registrazione.

Il _____ ha severamente danneggiato la chiesa di San Francesco.

Il concetto di _____ è stato introdotto da Charles F. Richter, un sismologo californiano.

Domani torno a casa di Giacomo per _____ l'ombrello che ho dimenticato là sabato scorso.

Il valore del _____ culturale italiano è inestimabile.

La scorsa notte c'è stato un terremoto di _____ 6.3 all'Aquila.

Otto ore di sonno sono il modo migliore per _____ le energie.

Uno dei più importanti _____ buddisti al mondo è Haeinsa, costruito nel IX secolo in Corea del Sud.

Il Sindaco ha avviato delle politiche volte a _____ il centro storico del paese.

2	struttura, volontario, archeologia, monastero, recupero

È molto complesso riassumere il concetto di _____ sociale in una singola definizione.

Nei _____ benedettini si studiavano autori come Catone e Plinio il Vecchio.

Secondo la teoria della grammatica universale, esistono delle _____ linguistiche comuni a tutte le lingue parlate nel mondo.

Si è offerto _____ per andare ad aiutare i colleghi.

La _____ del gazebo è in acciaio.

Il bar è molto frequentato tra le 12:00 e le 14:00, quando gli studenti di _____ e di architettura hanno la pausa pranzo.

C'è tra gli studenti un _____ che vuole farsi interrogare domani?

Da qualche anno mi occupo del _____ di rifiuti in plastica dagli oceani.

Il _____ di Alobaça, in Portogallo, è stato inserito nel patrimonio Unesco nel 1989.

L'_____ è una scienza che mi ha sempre appassionato.

La sigla AVIS sta per "Associazione _____ Italiani del Sangue".

Si occupano del _____ dei naufraghi.

3 | pulizia, catalogazione, rovina, squadra

Una _____ di architetti visiterà il sito di costruzione.

Carla si è presa una settimana di ferie per fare le _____ di primavera.

La _____ dei beni librari deve essere precisa, dettagliata e codificata.

Le forti piogge hanno causato la totale _____ del ponte.

La _____ dei propri occhiali è importante per non danneggiare ulteriormente la vista.

La mia _____ di calcio preferita è il Napoli.

Se vi affacciate, potete vedere le _____ dell'antico ponte romano.

Dopo la guerra la città era un ammasso di _____.

Tiene molto alla _____ personale e alla cura di sé.

La _____ di documenti sembra un lavoro noioso e monotono, ma in realtà richiede diverse capacità.

La loro _____ è molto più affiatata di quella avversaria.

4 | sufficiente, sisma, autorità, detrito, attrazione

Calcolare la forza di _____ tra due magneti è molto complesso.

L'_____ portuale di Genova ha pubblicato un bando di gara per l'assunzione di nuovi dipendenti.

Lo smaltimento dei _____ del ponte crollato inizierà dopo la conclusione delle indagini.

Non è chiaro quale sia l'_____ competente per il rilascio di questo tipo di licenza.

Hai sempre avuto una strana _____ per i piccioni.

L'anime Planetes parla di una squadra di recupero di _____ spaziali.

Nel 2011 un nuovo _____ ha colpito la città e distrutto la scuola elementare.

Per 4 persone 500 grammi di pasta sono _____?

Il brand Chanel suscita sempre fascino e _____.

Per parlare bene una lingua non è _____ conoscere il significato delle singole parole.

Purtroppo la mia città è povera di _____, ma ci sono molti ristoranti accoglienti e tranquilli.

Pompei fu colpita da un _____ nel 62 d.C. prima di venire sommersa dalla lava nel 79 d.C.

Meglio arrivare in aeroporto con _____ anticipo.

Lei sta chiaramente abusando della Sua _____!

L'uso _____ degli antibiotici comporta delle conseguenze allarmanti.

D'estate preferisco evitare le località _____, sono troppo affollate.

Il _____ di un affresco è un'operazione molto complessa.

Giovanna è una ragazza inaffidabile e _____.

Il settore _____ è ormai saturo, ma la richiesta è in crescita costante.

La chiesa sarà chiusa per tutto l'anno per _____ degli interni.

Importano merce _____ da altri paesi.

L'Ufficio _____ del Comune si trova a pochi passi dalla stazione.

Questo pomeriggio un _____ alpino è stato travolto da una valanga in Val d'Aosta.

È un ragazzo irruente, _____ e impulsivo!

Un _____ della Croce Rossa ha eseguito la manovra di Heimlich e le ha salvato la vita.

Mia figlia è _____ in matematica.

Appunti

PREPARIAMOCI A FARE SHOPPING!

자, 모두 쇼핑할 준비를 합시다

21

자, 모두 쇼핑할 준비를 합시다

Prepariamoci a fare shopping!

Tendenze di moda per il prossimo inverno

A settembre, Lineapelle presenterà le collezioni invernali 2017/2018 di oltre 1.100 espositori <u>provenienti da</u> 43 Paesi. Il trend del made in Italy <u>punta su</u> materiali dall'aspetto antico ma interpretati in modo sorprendente e <u>attuale</u>: vernici morbide dai colori caldi, scamosciati dall'effetto maltinto, raggrinziti metallizzati e verniciati e nappe morbidissime dagli spessori leggeri e dai colori sfumati. Lavorazioni inusuali ma di grande impatto, con lucentezze spinte per i materiali più coraggiosi. Si conferma una stagionalità che si adegua ai nuovi tempi, sia climatici che ai ritmi di vita, con i confini che sfumano tra maschile e femminile.

(Tratto da Ulisse, Magazine Alitalia, anno XXXVIII n. 381, agosto 2016, p. 38)

1. Di che cosa parla questo testo?
    ① Di una collezione di giacche di pelle
    ② Di che cosa andrà di moda l'inverno prossimo
    ③ Di come vengono lavorati diversi materiali e tessuti
    ④ Di come cambia il tempo atmosferico in base alle stagioni

2. In base al testo:
    ① i materiali vengono utilizzati in modo banale
    ② si utilizzano colori freddi e opachi
    ③ le lavorazioni sono insolite
    ④ la collezione non si adatta al presente

3. Qual è il significato di "provenienti da"?

    ① Che arrivano da

    ② Che provano a

    ③ Che giungono a

    ④ Che prendono da

4. Con quale espressione possiamo sostituire "punta su" nel testo?

    ① Indica

    ② Si affida a

    ③ Rinuncia a

    ④ Si specializza in

5. Quale tra queste parole può essere il contrario di "attuale"?

    ① Effettivo

    ② Presente

    ③ Libero

    ④ Obsoleto

Vocabolario

tendenza s.f. 1) 경향, 동향 2) 성향 (di tendenza 최신 유행하는) espositore s.m. 1) 출품자, 전시자 2) 상품 진열대 proveniente agg. 유래한 trend s.m. 동향, 트랜드 puntare v.tr. 1) (손가락 따위를) 향하게 하다, 가리키다, 겨누다 2) (내기의 따위에) 돈을 걸다 v.intr. 1) (a~) ~을 목표하다, ~을 노리다 2) (su~) ~에 의지하다, ~을 믿다, ~을 기대하다 aspetto s.m. 1) 외관, 모습 2) 양상, 측면 interpretare v.tr. 1) ~을 해석하다, ~을 해설하다 2) ~을 연기하다 sorprendente agg. 놀라운 vernice s.m. 바니시, 니스 scamosciare v.tr. ~을 무두질하다 (scamosciato agg.) maltinto agg. 잘못 염색한 raggrinzito agg. 주름진 nappa s.f. 1)(부드럽게 무두질한) 양이나 염소의 가죽, 나파 2) 실로 만든 장식술 sfumare v.tr. (색깔에) 음영을 주다, 색조가 희미해지다, (음·목소리 따위를) 약하게 하다 v.intr. 1) ~이 사라지다, 무산이 되다 2) (색채의 따위가) 약해지다 lucentezza s.f. 광채, 반짝임 adeguarsi v.rifl. (a~) ~에 적응하다, ~에 순응하다

Esercitiamoci

Completate le seguenti frasi utilizzando il lessico appena imparato.

1	tendenza, adeguarsi, espositore, proveniente

È nostro dovere arrestare questa terribile _____.

Guarda come hanno decorato bene quell'_____, sono sicura che attirerà molte persone.

Il suo bar è diventato presto di _____.

Il continuo mormorio _____ da un angolo della classe iniziò a innervosire il professore.

È difficile mantenere la linea quando si ha _____ a ingrassare.

Occorre _____ ai tempi!

Ogni anno la fiera attira visitatori ed _____ da tutto il mondo.

Il treno _____ da Milano Centrale è in arrivo al binario 18.

Non so se lui riuscirà mai ad _____ alle circostanze.

Scopri la nuova gamma di _____ IKEA nel catalogo 2019/2020.

Una recente _____ in fatto di musica sono i cantanti che non sanno cantare.

Fin da piccoli impariamo ad _____ alle regole sociali, pena l'esclusione.

2	trend, puntare, aspetto, interpretare

Il _____ della borsa è positivo oggi ma è negativo domani.

Quando entrai nella stanza, lo vidi che _____ la pistola contro un altro uomo.

La "Wasteland" di T.S. Eliot è una poesia piuttosto difficile da _____.

La figlia del panettiere è una giovane ragazza di bell'_____, ma non sa fare il pane.

L'amico di mio fratello ha un _____ inquietante, sembra uno scienziato pazzo.

Non è facile _____ correttamente quello che ci vogliono comunicare gli altri.

Ti avevo detto di non _____ così tanti soldi su quel cavallo!

Per vendere un prodotto bisogna _____ sui prezzi bassi.

Lo spread BTP-BUND ha un _____ altalenante da ormai diversi anni.

Lo sai che mi fido, _____ tutto su di te!

Non è ancora stato possibile definire tutti gli _____ della questione.

Luca _____ a diventare architetto.

Mia sorella adora l'attore che _____ il ruolo di Elijah nella serie televisiva "The Originals".

Se _____ il dito contro qualcuno devi essere sicura di non sbagliare.

3	sorprendente, vernice, scamosciare, scamosciato, maltinto

Ho passato una mano di _____ al tavolo da giardino perché era tutto scrostato.

Al giorno d'oggi poche persone sanno _____ la pelle.

È _____ come nessuno si sia mai accorto del suo talento per il pianoforte.

Quel bambino dà segni di un'intelligenza davvero _____.

Per pareti di questo tipo è consigliabile una _____ traspirante per evitare la formazione di muffa.

Le scarpe in pelle _____ vanno molto di moda, ma a me non piacciono particolarmente.

I jeans stretch con effetto _____ sono molto in voga tra gli adolescenti.

Suo figlio mostra delle abilità _____.

Mi potresti passare quel barattolo di _____?

Susanna ha comprato dei bellissimi guanti _____ rossi.

4	raggrinzito, nappa, sfumare, lucentezza

Lucia aveva una _____ nello sguardo che rivelava un'immensa gioia di vivere.

Ai fumatori viene molto presto la pelle _____.

Al giorno d'oggi poche persone comprano ancora i divani rivestiti di _____, è diventata troppo costosa.

Il vecchio marinaio scrutava il sole, e il sole rispondeva caldo sulla sua pelle _____ dal vento.

In questo Matisse, notate come il colore va a _____ dal centro del dipinto fino ai bordi.

Ormai il loro sogno _____.

La _____ dei diamanti non mi ha mai particolarmente stregata.

Avevo un'utilitaria da quattro soldi, ma con i sedili rivestiti di morbida _____ nera.

Mi sono visto _____ un'occasione unica per la mia vita e ora me ne pento amaramente.

Quel pittore spesso _____ il blu nell'azzurro.

ACCORDO INDUSTRIALE
회사 간 협의

22

회사 간 협의

Accordo industriale

Industria, patto d'acciaio fra Marcegaglia e Fiat, Mantova

Il gruppo Marcegaglia prevede un aumento del 50 per cento della domanda di acciaio zincato entro la fine del prossimo anno. Per questo ha deciso di riattivare la linea di produzione dello storico stabilimento di Gazoldo degli Ippoliti, spenta nel 2011. L'azienda ha avviato le richieste di Via e Aia alla provincia di Mantova. Attualmente il gruppo siderurgico produce nello stabilimento di Ravenna 200mila tonnellate l'anno di acciaio zincato, usato soprattutto per le auto premium o mid-premium. Con l'attivazione della nuova linea, nell'autunno 2017, Marcegaglia potrà produrne fino a 130 mila tonnellate in più. A cosa serviranno? Probabilmente a rifornire lo stabilimento Fiat-Chrysler di Cassino, dove si assembleranno le nuove Alfa Romeo.

(Tratto da Antonio Calitri, L'Espresso, anno LXII n. 36, 4 settembre 2016, p. 57)

---

1. Questo testo si rivolge a chi:
   ① è interessato alle ultime notizie sul mercato dell'acciaio
   ② ha bisogno di informazioni su come trasferirsi a vivere a Mantova
   ③ vuole consigli su come aumentare la produzione di acciaio
   ④ vorrebbe conoscere delle strategie di marketing relativo alle automobili

2. Secondo il testo:
   ① il gruppo Marcegaglia ora produce all'estero
   ② verrà riaperta una vecchia linea di produzione
   ③ una nuova linea di produzione è stata inaugurata nel 2011
   ④ all'anno vengono prodotte 20.000 tonnellate di acciaio zincato

3. L'aumento di produzione servirà:
    ① ad avviare le richieste alla provincia di Mantova
    ② a far chiudere lo stabilimento di Ravenna
    ③ a far aumentare del 50 per cento la domanda
    ④ a fornire i materiali per costruire nuove automobili

4. Quale tra queste espressioni non può sostituire "l'anno" nel testo?
    ① All'anno
    ② Ogni anno
    ③ Quest'anno
    ④ Tutti gli anni

5. Nel testo il "ne" della parola "produrne" si riferisce:
    ① alle nuove linee
    ② all'acciaio zincato
    ③ alle attivazioni
    ④ alle automobili

6. Con quale tra le seguenti espressioni possiamo sostituire la parola "probabilmente"?
    ① Verosimilmente
    ② Difficilmente
    ③ Generalmente
    ④ Faticosamente

Vocabolario

industria s.m 산업, 공업, 기업 prevedere v.tr. ~을 예상하다, ~을 예측하다 per cento (o percento) % domanda s.f. 1) 질문 2) (경제 분야에서) 수요 (contr. offerta s.f. 공급) acciaio s.m. 철 zincare v.tr. ~을 아연으로 도금하다 riattivare v.tr. ~을 재개하다, ~을 재가동하다 linea s.f. 선 linea di produzione 생산라인 stabilimento s.m. 1) 공장 2) 시설 azienda s.f. 사업체, 기업, 회사 avviare v.tr. ~을 시작하다, ~을 개시하다, ~을 착수하다 provincia s.f. 지방, 주 attualmente avv. 현재에 produrre v.tr. ~을 생산하다 tonnellata s.f. (무게의 단위) 톤, 1,000 kg rifornire v.tr. ~을 공급하다, ~을 보급하다 assemblare v.tr. ~을 조립하다

Esercitiamoci

Completate le seguenti frasi utilizzando il lessico appena imparato.

1	rifornire, assemblare, tonnellata, industria

Andiamo in magazzino, dobbiamo _____ il negozio.

Ho pensato di spostare da sola l'auto in avaria, ma mi sono accorta che pesava una _____.

I bambini possono provare ad _____ questo puzzle da soli.

È meglio _____ la macchina di benzina.

Questi prodotti sono ampiamente usati nell'_____ farmaceutica.

La polizia ha sequestrato quasi una _____ di merce rubata.

Pensavo fosse più facile _____ l'armadio, le istruzioni sono incomprensibili.

La nostra provincia è famosa per l'_____ manifatturiera.

2	azienda, riattivare, produrre, acciaio, linea

Qual è il paese che _____ più energia solare?

La _____ telefonica _____ in poche ore.

A Milano la _____ della metropolitana M3 è chiamata anche _____ gialla.

Questo albero _____ dei frutti dolcissimi.

Quando è uscito si è dimenticato di _____ il sistema di allarme.

Il patto d'_____ fu firmato nel 1939.

La società ha deciso di fare dei miglioramenti alla _____ di produzione.

L'anno scorso la nostra fabbrica _____ più di cinquanta automobili al giorno.

Per rendere lucido l'_____ basta del succo di limone.

3	zincare, stabilimento, prevedere, provincia

Lo _____ è operativo tutto l'anno.

Molte _____ della nostra zona stanno investendo nel settore siderurgico.

Quest'estate trascorrerò le vacanze in _____ di Cagliari.

Per la prossima settimana il meteorologo _____ pioggia.

È meglio far _____ l'interno di questa pentola di rame.

Mario è della _____ di Napoli.

La superficie d'acciaio da _____ deve essere perfettamente pulita.

Lo _____ balneare più vicino è a 8 chilometri da qui.

Mi piacerebbe davvero tanto _____ il futuro!

4 per cento (percento), domanda, avviare, attualmente

_____ l'Unione Europea comprende ventisette Stati.

Proprio in questo momento, le parti _____ le trattative per il rinnovo del contratto.

_____ i residenti nel nostro quartiere sono molto soddisfatti.

C'è un offerta del 50 _____ sui prodotti di profumeria.

Stranamente nessuno mi ha rivolto _____.

Gli interessi sono saliti al 5 _____.

Il mio amico pianista _____ fa parte di quell'orchestra.

La _____ nel settore privato cresce.

Le autorità hanno confermato di _____ un'indagine.

23

___

NEL MONDO CANINO
개들의 세계에서

23 개들의 세계에서

Nel mondo canino

Biologia, il vocabolario dei cani

I cani potrebbero riuscire a capire sia le parole sia l'intonazione. Secondo Science, i cani elaborano le singole parole e le riconoscono, <u>indipendentemente</u> dall'intonazione con cui sono pronunciate. <u>Lo</u> fanno usando l'emisfero sinistro del cervello, come gli esseri umani. L'intonazione è <u>invece</u> elaborata dall'emisfero destro. È possibile che nei cani il riconoscimento di parole e intonazione sfrutti alcune capacità ancestrali del cervello.

(Tratto da Internazionale anno 23 n. 1169, 2 settembre 2016, p. 95)

---

1. Secondo questo testo, i cani:
   ① riescono a produrre diversi tipi di parole
   ② non solo riconoscono le parole, ma anche l'intonazione
   ③ utilizzano solamente l'emisfero sinistro del cervello
   ④ non riescono a utilizzare tutte le capacità ancestrali del cervello

2. Quale tra le seguenti affermazioni non è corretta?
   ① Science sta preparando un vocabolario del linguaggio dei cani
   ② Ci sono somiglianze tra il cervello dei cani e quello degli esseri umani
   ③ L'emisfero destro elabora l'intonazione
   ④ Esistono delle capacità del cervello che vengono chiamate ancestrali

3. Quale tra queste parole può sostituire "indipendentemente"?
   ① Presumibilmente
   ② Convenzionalmente
   ③ Principalmente
   ④ Autonomamente

4. Qual è il significato della parola "Lo" sottolineata nel testo?

    ① A lui

    ② Ciò

    ③ Egli

    ④ Lei

5. Quale può essere un sinonimo di "invece" nel significato usato nel testo?

    ① Difatti

    ② Di conseguenza

    ③ Al contrario

    ④ Innanzitutto

Vocabolario

biologia s.f. 생물학 vocabolario s.m. 1) 사전 2) 어휘 riuscire v.intr. (흔이 a~) 1) ~을 할 수 있다 2) ~을 해내다, ~을 성공하다, (목표를) 달성하다 capire v.tr. ~을 이해하다 intonazione s.f. 어조, 억양, 음의 높이 elaborare v.tr. 1) ~을 세밀하게 완성하다 2) (정보를) 처리하다 riconoscere v.tr. 1) ~을 알아보다 2) ~을 식별하다 3) ~을 인정하다 pronunciare v.tr. 1) ~을 발음하다 2) (말·연설 따위를) 하다 emisfero s.m. 반구 (구의 절반) cerebrale agg. 뇌의 emisfero cerebrale 뇌반구 sinistro agg. 왼쪽의 ancestrale agg. 조상의, 본원적인

Esercitiamoci

Completate le seguenti frasi utilizzando il lessico appena imparato.

1	riconoscere, riuscire, intonazione, cerebrale

Devo _____ i miei limiti e accettare la sconfitta.

Alessia non _____ a capire il suo comportamento.

Prima del concerto il violinista tendeva le corde dello strumento fino ad ottenere l'_____
    perfetta.

Sono tutti sintomi di una commozione _____.

Quando parlava aveva un'_____ molto particolare.

Non credo riuscirà mai a _____ i propri errori.

Se non _____ a dormire, prova a bere una camomilla.

Con quella barba non ti _____!

È molto grave, si tratta di un'emorragia _____.

Senza occhiali la zia non _____ a leggere.

In questo caso è molto difficile _____ il vero dal falso.

Mattia _____ a trovare lavoro.

2	elaborare, pronunciare, biologia, sinistro

Dicono che dormire sul lato _____ faccia bene.

Occorre _____ un'idea nuova.

Ho difficoltà a _____ il francese.

Domani devo sostenere l'esame di _____ e chimica.

Gli hanno chiesto di _____ un discorso di benvenuto.

Gli studenti di italiano del primo anno fanno ancora fatica a _____ la erre.

I miei bimbi confondono ancora destra e _____.

La nostra azienda sta cercando tre esperti che ci possano aiutare a _____ questi dati fi-
nanziari.

La fede si mette all'anulare della mano _____.

Ma che cosa ti è successo? Non _____ parola tutto il giorno.

In questo momento il computer _____ i dati.

Per apprendere la _____ non basta studiare solo la teoria, serve anche la pratica.

Solo i madrelingua riescono a _____ perfettamente quella parola.

3	emisfero, capire, vocabolario, ancestrale

Ha una paura _____ del buio.

L'Europa si trova nell'_____ boreale.

Il nostro dialetto ha un _____ molto ricco.

Riaffiorano nella nostra mente ricordi _____.

Mi presteresti il _____ di lingua russa?

Vorrei _____ che cosa ho sbagliato.

Forse la costellazione più conosciuta dell'_____ australe è la Croce del Sud.

L'_____ destro e sinistro del cervello non sono uguali.

Appunti

CONOSCETE ULTIMO?

너희들도 '울티모'를 아니?

24. 너희들도 '울티모'를 아니?

Conoscete Ultimo?

Ultimo, un cantante con la passione per la musica fin da bambino
Si fa chiamare Ultimo, ma il suo vero nome è Niccolò Moriconi. Dopo anni di studio e di gavetta <u>la carriera</u> del giovane romano di 23 anni <u>ha preso il volo</u> nel 2016, quando ha vinto un importante concorso per artisti hip hop. Nel 2017 è uscito il suo primo singolo Chiave e ha avuto l'onore di aprire il concerto di Fabrizio Moro a Roma. Il disco d'esordio Pianeti ha scalato le classifiche in pochissimo tempo, e dopo il successo ottenuto al Festival di Sanremo l'anno scorso, Ultimo è tornato con un album nuovo intitolato Peter Pan.
L'anno scorso ha vinto la sezione Nuove Proposte del Festival di Sanremo 2018 con Il ballo delle incertezze. Focus Junior Star lo ha intervistato.

Quando è nato il tuo amore per la musica? Ho iniziato a otto anni a studiare pianoforte in conservatorio e ho continuato per 10 anni. Nel frattempo ho scritto le prime canzoni, ho frequentato corsi di composizione e mi sono appassionato al genere cantautorale.

È stato difficile frequentare il conservatorio a quell'età? Sì, però ben presto ho continuato privatamente perché era molto impegnativo, c'era anche la scuola e mia madre mi diceva di applicarmi in tutte e due le cose ma io <u>non ce la facevo</u>.

Eri l'unico dei tuoi amici a fare una cosa così inusuale? Sì, ma ho sempre cercato di far rispettare la mia passione per la musica, e anche se l'hobby predominante a quell'età è il calcio o qualsiasi tipo di sport non sono mai stato escluso perché facevo musica.

Hai mai pensato di non riuscire a realizzare il tuo sogno? Molte volte, ma mai così tanto da decidere di smettere.

Chi è stata la prima persona che ha creduto in te? Io!

I tuoi genitori ti hanno sempre sostenuto? A fasi alterne perché tenevano molto allo studio e quando vedevano che facevo soltanto musica nascevano dei problemi tra di noi.

A Sanremo Giovani hai vinto con Il ballo delle incertezze, ma quali sono le incertezze dei giovani della tua età? Ognuno ha le sue, ci sono quelle di tipo sociale ma anche quelle emotive. Ci si può sentire esclusi in tanti modi.

Tu in che cosa ti senti incerto? È difficile da spiegare, la maggior parte delle volte non sono sensazioni dovute a qualcosa che capita, ma è una condizione di vivere.

E quando fai musica che cosa succede? Sul palco cerco di mettere da parte le incertezze della vita quotidiana che mi aiutano a scrivere le canzoni: quando le presento in pubblico devo essere molto sicuro per descriverle al meglio.

L'ultimo album si chiama Peter Pan, come mai questo titolo? Volevo basare il disco sull'immaginazione e la fantasia, portarle al centro della mia musica, e Peter Pan è una figura che può rappresentarle bene.

Qual è il tuo consiglio per chi si sente ultimo nella vita? Sto cercando pure io la risposta (ride, ndr). Forse una volta che l'avrò trovata non avrò più tanti motivi per scrivere, quindi da una parte la vorrei, dall'altra direi di no.

(Tratto da Emanuele Corbo, 9 febbraio 2019, Focus Junior, https://www.focusjunior.it/interviste/ultimo-cantante/)

1. Il testo riporta:
    ① un colloquio di lavoro in un'azienda
    ② un'intervista a una persona nota
    ③ i dettagli di un'inchiesta giornalistica
    ④ una serie di consigli per diventare famoso

2. Ultimo è:
    ① il primo singolo di Niccolò Moriconi
    ② un giovane ragazzo di Sanremo
    ③ lo pseudonimo di Fabrizio Moro
    ④ un ventitreenne di Roma

3. Quale tra queste informazioni è inclusa nelle risposte presenti nel testo?
    ① In totale ha studiato musica per 18 anni
    ② Non è stato facile studiare al conservatorio
    ③ Nel tempo libero tutti giocavano a calcio, compreso lui
    ④ I genitori sono i primi ad aver creduto in lui

4. Secondo il testo:
   ① Ultimo non sa ballare bene
   ② Ultimo scrive grazie alle sue sicurezze
   ③ Peter Pan è l'ultimo album di Ultimo
   ④ Ultimo non si sente ultimo nella vita

5. Che cosa significa l'espressione "la carriera.... ha preso il volo", sottolineata nel testo?
   ① Ha avuto successo
   ② La sua carriera è svanita
   ③ È diventato pilota di aerei
   ④ Ha cambiato carriera

6. Quale tra le seguenti espressioni ha un significato contrario a "non ce la facevo"?
   ① Non mi piaceva
   ② Non la facevamo noi
   ③ Ci riuscivo benissimo
   ④ Facevo tutto da solo

7. Con quale espressione possiamo sostituire "una volta che"?
   ① Quando
   ② Ogni volta che
   ③ Mentre
   ④ Una sola volta

Vocabolario

cantante s.m.f. 가수 passione s.f. 열정 gavetta s.f. 열정 페이, 경험을 쌓기 carriera s.f. 경력 concorso s.m. 대회, 선발시험, 경쟁시험 singolo s.m. (음악) 싱글 앨범 agg. 각자의, 유일의 onore s.m. 영예, 명예 esordio s.m. 1) 시작, 데뷔, 첫출연, 첫무대 2) 서두 classifica s.f. 순위표 intervistare v.tr. ~을 인터뷰하다 conservatorio s.m. 음악학교 nel frattempo 그동안, 그때까지 composizione s.f. 1) 작곡, 창작 2) 구성 appassionarsi v.intr.pron. (a~) ~에 열중하다 (appassionare v.tr ~을 열광시키다, ~을 열중하게 하다) cantautorale agg. 싱어송라이터의 (cantautore s.m. 싱어송라이터) impegnativo agg. 요구가 많은, 힘든 inusuale agg. 흔치 않은, 드문 predominante agg. 주된, 지배하는 smettere v.tr. ~을 멈추다, ~을 그만두다 credere v.tr. ~을 믿다 sostenere v.tr. 1) ~을 지지하다 2) ~을 주장하다 emotivo agg. 감동적인, 감격적인 succedere v.intr. ~이 일어나다 palco s.m. 무대 quotidiano agg. 일상의 basare ~을 기초로 하다 (basarsi v.intr.pron. (su~) 근거를 두다)

Esercitiamoci

Completate le seguenti frasi utilizzando il lessico appena imparato.

1	cantante, passione, gavetta, carriera, concorso

Vorrei condividere la mia _____ per la poesia con tutti voi.

Ha saltato la _____, ha fatto subito successo!

L'Ambasciata ha bandito un _____ per l'assunzione di un nuovo impiegato.

L'artista sul palcoscenico è la mia _____ preferita.

Il campione olimpico, all'apice della sua _____, decise di ritirarsi.

Maria parteciperà a un _____ di bellezza.

Mia figlia ha deciso di intraprendere la _____ artistica.

Prima di diventare famoso ha fatto moltissimi anni di _____.

Questa giovane _____ è una promessa del canto.

Sono sicuro che la _____ non si affievolirà mai!

2	onore, singolo, esordio, intervistare, classifica

È uscito l'album d'_____ di Erica Piccotti.

Ho letto solo l'_____, ma sembra scritto molto bene.

Difenderò a tutti i costi il tuo _____!

È uscito il nuovo _____ di Achille Lauro, dal titolo "1990".

Finalmente potremo _____ i protagonisti della vicenda.

Hai controllato la _____ di Serie A?

Ho avuto l'_____ di ballare con lei.

Il nostro giornale domani _____ i musicisti e i produttori produttori della canzone vincitrice.

Nella vita ogni _____ esperienza è importante.

Secondo la _____ della musica italiana più venduta, sta avendo un grande successo.

Ti va di riascoltare il disco d'_____ degli Afterhours?

Con il suo _____ a quindici anni nell'Argentinos Juniors, Maradona diventò il più giovane di sempre in quella categoria.

3 conservatorio, nel frattempo, composizione, appassionarsi, appassionare

Quando aveva vent'anni anche Franco, come suo fratello, _____ alla letteratura.

All'inizio studiavo _____ musicale, poi ho deciso di dedicarmi al canto.

Chissà cosa è successo _____!

Per molti anni Alice e Sara _____ di teatro.

Vorrei decorare il tavolo con una _____ floreale.

Il _____ Santa Cecilia è uno dei più famosi al mondo.

L'opinione pubblica _____ molto alle battaglie di Greta Thunberg.

La _____ del Consiglio Direttivo per il prossimo triennio è la seguente.

_____, vado a prendermi un caffè.

Si è occupato di _____ di colonne sonore per film e di musica operistica.

Sto studiando pianoforte al _____.

La lettura di quel romanzo _____ molto mio fratello.

4 cantautorale, cantautore, impegnativo, inusuale, predominante

In realtà non è un fatto così _____.

È il suo primo LP _____, contiene buoni testi e temi musicali coinvolgenti.

Il mese di giugno è stato un mese molto _____ per i nostri studenti.

L'album contiene canzoni in stile _____, tutte inedite e promettenti.

Gli Americani rappresentano una fetta _____ del mercato.

Il caldo di questi ultimi giorni è _____.

L'attività economica _____ è l'agricoltura.

Prima di iniziare a farlo, non avevo idea che fosse un lavoro così _____.

Il suo sogno è quello di diventare un _____.

5   smettere, credere, succedere, basare, basarsi

Alla fine _____ di _____ alle sue bugie.

Gli inquirenti _____ l'accusa su prove oggettive e testimonianze veritiere.

Qualsiasi cosa _____, ce la faremo.

Luca _____ che io sia dalla sua parte, ma si sbaglia.

L'intero sistema _____ su questa legge.

Spero che sia la volta buona che _____ davvero di fumare!

Che cosa _____ se premo questo pulsante?

Non ti _____!

Penso sia meglio _____ questa discussione.

Che cosa _____ oggi?

Il loro approccio _____ su dei principi che non condivido.

6   sostenere, emotivo, palco, quotidiano

È un ragazzo molto sensibile ed _____, lo sanno tutti.

Continua a _____ di essere innocente, nonostante tutte le prove contro di lui.

Ho una paura terribile di salire sul _____.

La situazione familiare influisce sull'equilibrio _____ del bambino.

Quel candidato _____ da due partiti.

Mi piacerebbe sapere come era realmente la vita _____ nell'Antica Roma.

Sul _____, oltre agli attori professionisti, c'era anche il regista.

Queste due grandi travi di legno _____ il soffitto.

Questo materiale si trova in molti oggetti di uso _____.

25

SU UN FILM COREANO
한국 영화 한 편에 관해서

25

한국 영화 한 편에 관해서

Su un film coreano

Parasite

Di Bong Joon-ho. Con Song Kang-ho, Choi Woo-shik. Corea del Sud 2019, 131'

Parasite non è poi così diverso dai precedenti film di Bong Joon-ho, come Snowpiercer o Memories of murder. Il prestigiatore coreano è noto per le sue melodie filmiche non classificabili che cadono dalle scale dei generi, sbattendo violentemente su ogni gradino: commedia, horror, dramma sociale, film di mostri, e via dicendo. Parasite centra parecchi di quei gradini ma ha anche qualcosa di più cupo, feroce e disperato del solito. Bong è tornato in piena forma ma è indubbiamente furioso, forse perché il suo obiettivo, la rabbia di classe, merita quella furia. Eppure il film all'inizio sembra una ri-elaborazione coreana di Un affare di famiglia. Anche qui c'è una famiglia che si arrangia. Poi uno dei suoi componenti diventa tutore della figlia del ricco mister Park, frequenta la sua lussuosa casa e si tira dietro la sorella. La bomba è innescata.

Jessica Kiang, Variety

(Tratto da Internazionale, anno 27 n. 1332, 8 novembre 2019, p. 85)

---

1. Di che tipo di testo si tratta?
   ① Un reportage
   ② Un'intervista
   ③ Una recensione
   ④ Un editoriale

2. Secondo il testo, Parasite:
   ① include diversi generi cinematografici
   ② è un film sulla furia contro Bong
   ③ è meglio di "Un affare di famiglia"
   ④ parla di una famiglia che arrangia canzoni

3. Secondo il testo, Park:
   ① è uno dei componenti della famiglia di Bong
   ② frequenta la sorella del tutore
   ③ è una persona molto facoltosa
   ④ innesca una bomba

4. A che cosa si riferisce l'espressione "il prestigiatore coreano" sottolineata nel testo?
   ① Parasite
   ② Un mago coreano
   ③ Snowpiercer
   ④ Bong Joon-ho

5. Quale tra queste espressioni non può sostituire "e via dicendo"?
   ① Eccetera
   ② E parlando
   ③ E così via
   ④ Etc.

6. Con quale delle seguenti parole possiamo sostituire "eppure"?
   ① Oppure
   ② Tuttavia
   ③ Inoltre
   ④ Perché

Vocabolario

Parasite (it. parassita s.m.) 기생충 diverso agg. 다른 prestigiatore s.m. 마술사, 요술쟁이 melodia s.f. 선율 classificabile agg. 분류할 수 있는 centrare v.tr. 1. 중심에 놓다 2) 중심을 맞추다 3) ~을 정확하게 파악하다 cupo agg. 색이 진한, 어두운 furioso agg. 격노한 obiettivo s.m. 목적 rabbia s.f. 격노, 울분 rielaborazione s.f. 1) 수정, ~을 다시 다르게 완성하기 2) (정보를) 다시 처리하기 affare s.m. 1) 일, 문제 2) 거래, 실업 arrangiarsi v.intr.pron. 할 수 있는 만큼 노력하여 어려움에서 벗어나다, 알아서 하다 2) ~을 합의하다 componente s.m.f. 구성원 s.m. 구성요소, 성분 s.f. (추상적인 것의) 구성요소 tutore s.m. 1) 후견인 2) 지도 교사 lussuoso agg. 사치스러운 innescare v.tr. ~에 도화선을 붙이다, ~을 촉발시키다

Esercitiamoci

Completate le seguenti frasi utilizzando il lessico appena imparato.

1	parassita, diverso, prestigiatore, melodia, classificabile

Alcune _____ della canzone napoletana ancora oggi rappresentano l'Italia nel mondo.

È un mondo completamente _____ da quello che conoscevano i nostri nonni.

A quarant'anni non vuole fare nulla e vive come un _____ a spese dei genitori!

I segreti del _____ sono riassunti nell'arte dell'illusionismo, un'antica forma di spetta-colo.

Il pomodoro è _____ sia come frutto che come ortaggio.

Il rispetto di culture e tradizioni _____ dalla nostra è alla base della convivenza civile.

L'uragano che si sta abbattendo sui Caraibi dicono sia _____ come di categoria quattro.

La _____ dei suoni della natura rivaleggia con ogni musica strumentale.

La piazza era piena di attrazioni, tra cui spiccavano un _____, un giocoliere e un teatro di burattini.

Nella Commedia dell'Arte compare spesso il personaggio del _____ caratterizzato dalla capacità di vivere sfruttando le risorse altrui.

2	cupo, furioso, obiettivo, rabbia, rielaborazione, affare

A questo prezzo hai fatto veramente un _____!

Alla domanda indiscreta del giornalista il presidente era così _____ che ha lasciato la sala stampa senza altri commenti.

Ambiziosi piani per la piccola start-up: l'_____ è il fatturato a 10 milioni di euro entro l'anno prossimo.

Che _____ mi fa quando si sottovaluta in questo modo!

I dati inseriti e analizzati erano sbagliati: abbiamo dovuto procedere a una _____.

Il colore _____ di quelle nuvole non promette niente di buono.

In questo corso si insegnano strategie per la _____ dei testi.

La trattativa è stata lunga e complessa, e alla fine non si è giunti a concludere l'_____.

Gli uomini e gli animali reagiscono alla paura manifestando _____.

Non si è mai troppo vecchi per fissare un altro _____ e affrontare nuove sfide.

Nonostante l'età avanzata nessuno riesce a convincere mio padre a ritirarsi dagli _____.

Pensavo che dopo quel _____ litigio si fossero separati, invece sono ancora insieme.

Era di nuovo completamente immerso in pensieri _____.

Come riconoscere e gestire la _____ repressa: consigli pratici per tornare a vivere in se-renità.

3 arrangiarsi, componente, tutore, lussuoso, innescare, centrare

Il giudice ha nominato un _____ per il figlio minorenne della coppia.

All'esame di maturità ho preso un voto basso perché non _____ il tema.

Circolano voci sull'acquisto di un _____ appartamento con piscina privata da parte del nuovo centravanti del Milan.

Che bel tiro che hai fatto!L'_____ in pieno!

I terroristi hanno _____ l'ordigno esplosivo, e poi lo hanno messo in una borsa nera.

Il _____ lo ha guidato nei suoi studi sin dal primo anno.

In Italia si parla spesso dell'arte di _____, che consiste nel risolvere i disagi e i problemi contando solo sulle proprie capacità.

La conferenza stampa del Ministro _____ una serie di polemiche.

La maggioranza dei _____ della giuria ha votato per il giovane talento.

Se vincessi la lotteria, vorrei regalarmi un soggiorno in uno degli hotel più _____ al mondo.

Il riposo è una _____ fondamentale della nostra vita.

Te l'avevo detto di non lasciare la bicicletta incustodita: ora _____!

Venezia: _____ un terno a lotto da 50.000 €.

Nell'etichetta guardare sempre i _____ alimentari della tabella nutrizionale.

Non ti preoccupare, poi _____ in qualche modo tra di noi.

C'È BISOGNO DEL TUO AIUTO
당신의 도움이 필요합니다

26

당신의 도움이 필요합니다

C'è bisogno del tuo aiuto

Perché donare

Le donazioni di sangue salvano la vita di circa 630 mila persone all'anno solo in Italia, in media circa una al minuto.

Le trasfusioni di sangue <u>sono indispensabili</u> nel trattamento di moltissime patologie. Un paziente <u>affetto da</u> talassemia, per fare un esempio, ha bisogno di circa 25 trasfusioni di sangue all'anno per vivere. Dalle 30 alle 40 sacche di sangue servono dopo un intervento chirurgico delicato come un trapianto di cuore. Trasfusioni servono anche per trattare la leucemia o le insufficienze renali croniche.

Donare il plasma, la parte liquida del sangue, serve poi a produrre medicinali salvavita, i cosiddetti plasmaderivati come l'albumina o le immunoglobuline, utilizzati per diverse terapie, da quelle per le malattie del fegato fino ai trattamenti anti-tetano.

Il sangue è una risorsa fondamentale e non esiste al momento un'alternativa che possa sostituirlo. Le sperimentazioni sul sangue sintetico, <u>seppure</u> promettenti, molto difficilmente potranno portare a cambiamenti su larga scala, se non in un futuro che è difficile immaginare prossimo.

Donare il sangue è anche un modo per tenere sotto controllo la propria salute:

. * al momento della donazione il donatore viene sottoposto a un emocromo completo e al test per individuare HIV, epatite B e C e sifilide e ai donatori periodici vengono controllati regolarmente anche i livelli di colesterolo, trigliceridi, creatinina e ferritina

. * i donatori di sangue hanno diritto al vaccino antinfluenzale gratuito.

(Tratto da http://www.donailsangue.salute.gov.it/donaresangue/dettaglioContenutiCns.jsp?lingua=italiano&area=cns&-menu=donazioneSangue&id=21)

1. Le informazioni presenti in questo testo possono essere utili a chi:
   ① non sa se ricevere una trasfusione
   ② è indeciso se donare il sangue
   ③ vuole fare una donazione ai poveri
   ④ ha paura dei prelievi di sangue

2. Secondo il testo:
  ① donare il sangue permette di mantenere in vita molte persone
  ② le trasfusioni di sangue sono necessarie solo in rarissime occasioni
  ③ le donazioni di solo plasma non sono particolarmente utili
  ④ a breve sarà disponibile per tutti il sangue sintetico

3. In base al testo, quale tra queste affermazioni è corretta?
  ① Ci sono 630mila donatori di sangue in Italia
  ② Ogni donatore dona in media dalle 30 alle 40 sacche di sangue all'anno
  ③ I donatori di sangue regolari possono controllare periodicamente la loro salute
  ④ Chi riceve una trasfusione deve fare il vaccino antinfluenzale

4. Quali tra queste espressioni è un contrario di "sono indispensabili"?
  ① Sono obbligatori
  ② Non sono necessari
  ③ Sono inevitabili
  ④ Non sono sicuri

5. Quale tra queste espressioni può sostituire "affetto da", sottolineato nel testo?
  ① Affezionato a
  ② Amato da
  ③ Intento a
  ④ Malato di

6. Quale può essere un sinonimo di "seppure"?
  ① Così
  ② Dato che
  ③ Anche se
  ④ Come se

Vocabolario

donare v.tr. ~을 기증하다, ~을 증여하다, ~을 기부하다 sangue s.m. 피, 혈액 trasfusione s.f. 수혈 patologia s.f. 1) 병리학 2) 병 affetto agg. (da~) 병에 걸린 s.m. 애정 talassemia s.f. 빈혈 intervento s.m. ~chirurgico 외과수술 trapianto s.m. 이식 leucemia s.f. 백혈병 renale agg. 신장의 plasma s.m. 혈장 albumina s.f. 알부민 immunoglobulina s.f. 면역 글로불린 항체 terapia s.f. 치료 fegato s.m. 간 anti-tetano, antitetanico agg. 파상풍의 sostituire v.tr. ~을 대체하다 sperimentazione s.f. 실험 sintetico agg. 1) 합성의 2) 종합적, 간략한 promettente agg. 전도유망한, 기대할 수 있는 sottoporre v.tr. 1) ~을 받게 하다 2) (누구의 판단·숙고 따위에) 맡기다 3) ~을 진압하다 emocromo s.m. 일반 혈액 검사 HIV 인간면역결핍 바이러스(Human Immunodeficiency Virus) colesterolo s.m. (흔이 단수로 사용함) 콜레스테롤 trigliceride s.m. (흔이 복수로 사용함) 트리글리세리드, 중성지방 creatinina s.f. 크레아티닌 ferritina s.f. 페리틴 vaccino s.m. ~antinfluenzale 감기 예방 접종

Esercitiamoci

Completate le seguenti frasi utilizzando il lessico appena imparato.

1	donare, sangue, trasfusione, patologia, affetto

Aveva perso molto sangue: la _____ era diventata indispensabile.

Era chiaramente una dimostrazione d'_____.

Il reparto di _____ e Terapia Intensiva Neonatale è al secondo piano.

Io preferisco la bistecca al _____, mentre mio marito la vuole ben cotta.

Mi hanno detto di fare ulteriori esami del _____.

Pare che sia _____ da anemia.

Se non le avessero fatto una _____, sarebbe morta.

Se vuoi, puoi _____ i libri alla biblioteca comunale.

Visti i sintomi, potrebbe trattarsi di una lieve _____ dell'apparato digerente.

Sono andato in ospedale a _____ il _____.

2	talassemia, intervento chirurgico, trapianto, renale, albumina

Abbiamo studiato ieri che l'_____ è una proteina del plasma.

Bisogna trattare i blocchi _____ in modo immediato e adeguato.

Il _____ di cuore è l'unica terapia in questi casi.

L'_____ è previsto di solito il pomeriggio dello stesso giorno del ricovero.

La _____ è una malattia genetica del sangue.

La lista dei pazienti in attesa di ricevere un _____ è molto lunga.

L'insufficienza _____ è una grave condizione medica.

Questo esame permette di conoscere la concentrazione di _____ nel sangue.

Se vuole, può sottoporsi al test per diagnosticare la _____.

Un _____ di questo tipo dopo i 65 anni può essere pericoloso.

3	leucemia, plasma, immunoglobulina, terapia, antitetanico, fegato

Come abbiamo visto, il _____ è la parte liquida del sangue.

Grazie a questa _____, sta molto meglio.

Visti i sintomi, i medici hanno escluso che si tratti di _____.

Il _____ è la ghiandola più grande del nostro corpo.

Il mio medico vuole tentare una _____ diversa.

Il termine _____ A indica un tipo di anticorpi.

In Italia il vaccino _____ è obbligatorio.

La _____ è un tumore delle cellule del sangue?

La procedura di estrazione del _____ è più complessa di quella del sangue intero.

La vaccinazione _____ è il modo più efficace per prevenire il tetano.

Se almeno me lo avessi detto tu, invece di averlo saputo da altri, mi roderei di meno il _____!

Se il medico sospetta una carenza o un eccesso di _____, consiglierà di fare il test.

La _____ non sta dando i risultati sperati.

4	sostituire, sperimentazione, sintetico, promettente, sottoporre, creatinina

Sebbene stessero vincendo il conflitto, non riuscirono a _____ i popoli che stavano combattendo.

Vorrei _____ alla vostra attenzione un problema assai grave.

Ha commentato in modo chiaro e _____.

Ha davanti a sé un futuro _____.

Hanno deciso di _____ il marketing manager con una persona più giovane.

Hanno iniziato la _____ di un nuovo farmaco.

Il documento che Le mando ora _____ la precedente versione.

Non sembra un allievo molto _____.

Preferisco i tessuti naturali a quelli _____.

Questo esame misura la concentrazione di _____ presente nelle urine.

Mi puoi _____ tu domenica?

Se fosse possibile, mi piacerebbe _____ alcune domande al Questore.

Questa terapia è ancora in fase di _____.

Nonostante _____ a dura prova, hanno affrontato tutto con coraggio e decisione.

5	emocromo, HIV, trigliceride, ferritina, vaccino antinfluenzale, colesterolo

È vero che la _____ è una proteina che si trova in tutti gli organismi viventi?

Forse è meglio ripetere l'_____.

Ho preso un appuntamento dal medico per fare il _____ stagionale.

I _____ sono grassi presenti nel sangue.

Il _____ alto è un problema che può portare a conseguenze gravi.

Il _____ è disponibile a partire dal 13 novembre, presso tutti gli ambulatori della nostra regione.

L'_____ è ritenuto uno strumento molto valido per valutare lo stato di salute.

Mangiare due mele al giorno aiuta a tenere basso il livello di _____.

Nei casi di contagio da virus _____, le cure antiretrovirali stanno dando buoni risultati.

Si raccomanda di prevenire e curare i _____ alti, facendo attenzione allo stile di vita e all'alimentazione.

Sta facendo una dieta per tenere sotto controllo il _____.

Appunti

UN EDIFICIO PARTICOLARE A ROMA

로마에 있는 특별한 건물

27. 로마에 있는 특별한 건물

Un edificio particolare a Roma

Come visitare il Palazzo della Consulta

È possibile compiere visite al Palazzo della Consulta, su prenotazione, da parte di scuole, università e cultori della materia, sia italiani che esteri. Il Palazzo è visitabile, senza oneri, secondo un calendario stabilito dalla Corte costituzionale. Le scuole - a partire dalle medie superiori - potranno chiedere di effettuare una visita guidata al Palazzo oppure di assistere ad una Udienza pubblica. La richiesta andrà **redatta** su carta intestata della scuola, **a firma del** Preside o del Dirigente scolastico, e inviata all'Ufficio del Cerimoniale della Corte costituzionale - Piazza del Quirinale n. 41 - 00187 Roma - all'indirizzo cerimoniale@cortecostituzionale.it. Le scuole potranno fissare un solo appuntamento nel corso dell'anno scolastico. Il numero dei partecipanti, di cui dovrà essere fornito l'elenco nominativo, non potrà superare le 50 **unità**. Le visite potranno essere effettuate da ottobre a giugno. Gli appuntamenti verranno fissati **tenendo conto** della data della richiesta e fino ad esaurimento dei posti, compatibilmente con le disponibilità dell'Ufficio, e saranno comunicati alla scuola, con lettera di conferma, con il **dovuto** anticipo sulla data fissata. Dieci giorni prima della visita, dovrà pervenire all'Ufficio del Cerimoniale l'elenco dei partecipanti ed i loro dati anagrafici. Le visite al Palazzo, guidate e gratuite, si effettueranno, **di norma** e **salvo** impedimenti di carattere istituzionale, nelle mattinate del venerdì, mentre, per assistere ad una Udienza pubblica, l'appuntamento verrà fissato per una mattina del martedì, giorno del suo svolgimento. Le visite saranno curate dal personale della Corte costituzionale che illustrerà sia gli aspetti storici del Palazzo che le funzioni ed i compiti dell'istituzione ospitata.

(Tratto da https://www.cortecostituzionale.it/jsp/consulta/rapporti_cittadini/come_visitare.do)

1. Per visitare il Palazzo:
   ① bisogna essere italiani
   ② è necessario prenotare
   ③ si deve pagare
   ④ non bisogna avere precedenti penali

2. Le visite del Palazzo della Consulta da parte delle scuole:
   ① devono essere precedute da una richiesta scritta
   ② sono vietate durante le Udienze pubbliche
   ③ possono essere ripetute dalla stessa scuola più volte l'anno
   ④ devono essere minimo di cinquanta studenti

3. Quale tra queste affermazioni non è corretta?
   ① Le visite guidate di solito sono il venerdì mattina
   ② Le Udienze pubbliche si svolgono il martedì
   ③ Il personale della Corte costituzionale fornirà spiegazioni durante la visita
   ④ Le visite possono essere effettuate tutto l'anno

4. Nel testo "redatta" significa:
   ① spedita
   ② ridotta
   ③ scritta
   ④ ritirata

5. Quale tra queste espressioni non può sostituire "a firma del"?
   ① Sottoscritto dal
   ② Firmato dal
   ③ Segnato dal
   ④ Con la firma del

6. Nel testo la parola "unità" può essere sostituita da:
   ① persone
   ② lezioni
   ③ parole
   ④ unioni

7. L'espressione "tenendo conto" può essere sostituita da:
   ① prendendo
   ② considerando
   ③ scegliendo
   ④ conteggiando

8. Quale tra le seguenti parole non può sostituire la parola "dovuto" nel significato usato nel testo?

① Giusto

② Adeguato

③ Opportuno

④ Facoltativo

9. Quale tra le seguenti espressioni non è un sinonimo di "di norma"?

① Di solito

② Eccezionalmente

③ Di regola

④ Abitualmente

10. In questo testo "salvo" significa:

① a condizione che ci siano

② tranne in caso di

③ è stato salvato da

④ solo se ci sono

Vocabolario

compiere v.tr. 1) ~을 실행하다, ~을 이행하다, ~을 하다 2) ~을 완료하다, ~을 완성하다 prenotazione s.f. 예약 visitabile agg. 방문할 수 있는 ònere s.m. 1) 의무, 부담, 무거운 짐 2) 요금, 비용 stabilito agg. 결정된, 정해진 Corte costituzionale 헌법재판소 effettuare v.tr. ~을 실행하다, ~을 행하다, ~을 하다 assistere v.intr. (a~) ~에 출석하다, ~에 참석하다 v.tr. ~을 돕다, ~을 보좌하다 udienza pubblica 공개재판 redatto agg. 쓴, 작성된 "carta s.f. ~intestata" 상단에 개인·회사·단체의 이름과 주소가 들어가 있는 편지지 fissare v.tr. 1) ~을 고정시키다 2) ~을 정하다 2) ~을 응시하다 "elenco s.m. ~nominativo" 이름의 명단 esaurimento s.m. 1) 고갈, 품절 2) 피로, 기진맥진 compatibilmente avv. ~에 맞추어, 적합하게 disponibilità s.f. 1) 이용가능성, 자유롭게 이용할 수 있음 2) 시간 여유가 있음, 달리 할 일이 없음 3) (남을 위해) 기꺼이 마음 씀 4) (정신적) 개방성 comunicato s.m. 통보, 공지 conferma s.f. 확인 pervenire v.intr. (a~) 1) ~에 도착하다 2) ~에 도달하다 dati anagrafici (dato s.m.) 개인정보 salvo prep. ~을 제외하고, ~이 아니라면 impedimento s.m. 방해, 장애 svolgimento s.m. 1) 실행, (회의·법정 따위의) 개최(기간) 2) (에세이의) 전개 3) (사건 따위의) 전개 curare v.tr. 1) 치료하다, 간호하다 2) ~을 관리하다 illustrare v.tr. 1) ~을 설명하다, ~을 보여주다 2) 삽화를 넣다 ospitato agg. da ospitare v.tr. ~을 숙박시키다, ~을 받아들이다, ~을 수용하다

Esercitiamoci

Completate le seguenti frasi utilizzando il lessico appena imparato.

1	compiere, prenotazione, visitabile, onere, stabilito

Domani mio figlio _____ dodici anni.

Acquistando il biglietto Super Economy non è possibile modificare la _____ né ottenere un rimborso.

Dobbiamo evitare di _____ errori nell'esecuzione della ricetta.

Il 16 agosto tutti i musei nazionali sono _____ gratuitamente dalle 19 alle 24.

In base al contratto sei tu ad avere l'_____ di individuare la causa del danno.

In questo caso bisogna attenersi a quanto _____ dalla legge.

L'_____ del lavoro grava tutto su di me.

Nella città di Amalfi è _____ anche l'antica cartiera.

Occorre una votazione per modificare il regolamento _____ in precedenza.

Per visitare i Musei Vaticani è consigliabile effettuare la _____ online.

Secondo Seneca, comandare non significa dominare ma _____ un dovere.

Sono state presentate della raccomandazioni per allievare gli _____ fiscali.

Sono soddisfatta, credo proprio di _____ un buon lavoro!

2	Corte costituzionale, effettuare, assistere, udienza pubblica, redatto

È un impianto innovativo che _____ il recupero o lo smaltimento di rifiuti altamente tossici.

I filmati delle _____ della Corte sono disponibili online.

Il manuale, _____ in italiano e in inglese, da domani sarà disponibile nelle librerie.

Il responsabile della sicurezza ieri _____ un sopralluogo dei magazzini.

Il servizio di orientamento _____ gli studenti nelle scelte accademiche e lavorative.

L'attuale Presidente della _____ è la prima donna a ricoprire questo prestigioso incarico.

La data dell'_____ non è ancora stata fissata.

Non tutti sono disposti ad _____ i genitori anziani.

Questa convenzione, _____ e firmata nel 1950, è entrata in vigore nel 1953.

Se per Lei va bene, mi piacerebbe _____ alla Sua lezione.

Tra le altre funzioni, la _____ giudica e garantisce la legittimità degli atti dello Stato e delle Regioni.

Fa parte delle mansioni della Segreteria _____ il Presidente nello svolgimento delle sue funzioni.

_____ obiettivi significa mettere una data di scadenza ai propri sogni.

L'_____ dei candidati ammessi al test orale verrà pubblicato domani.

La _____ rappresenta un importante biglietto da visita per ogni impresa.

La promozione è valida fino a _____ scorte.

Le chiedo la gentilezza di _____ un appuntamento per mia figlia _____ con gli impegni del Presidente.

Non _____ la gente che non conosci!

Se non mi dimetto da questo lavoro avrò un _____ nervoso!

Si prega di inviare la fattura su _____.

Si valuteranno eccezioni _____ con le esigenze di bilancio.

Sul sito del Ministero del Lavoro è reperibile l'_____ degli esperti qualificati.

Vorrei _____ un incontro con il dott. De Gennaro.

Mi aiuteresti a _____ il quadro alla parete?

Non vorrei approfittare troppo della Sua _____.

Le parti _____ a un accordo.

Attendiamo un'ulteriore _____ scritta della Sua decisione.

Si richiede ai partecipanti _____ di spirito e tanta energia!

Di solito i _____ si scrivono nella prima pagina del Curriculum Vitae.

Diffondere un _____ stampa in modo efficace fa parte delle mansioni del Web Marketer.

Grazie ancora per la _____ e la gentilezza.

Il codice fiscale deve corrispondere ai _____.

Il progetto richiede una _____ economica elevata.

Il Ministero degli Esteri non ha ancora rilasciato un _____ ufficiale in merito.

Inizieremo la produzione non appena ricevuto _____ dell'ordine.

La domanda dovrà _____ entro e non oltre la data sopraindicata.

Non mi hanno ancora confermato la _____ delle camere.

Spero si riesca a _____ a un'intesa.

Devo controllare la mia _____ sul calendario.

Ci vorranno alcuni giorni per verificare lo _____ dei fatti.

_____ per i rappresentanti delle Istituzioni pubbliche, non è consentito l'accesso.

Il mio amico _____ libri per bambini con disegni meravigliosi.

Dallo _____ delle indagini preliminari si è passati direttamente al dibattimento.

Il Professore _____ il concetto in modo chiarissimo.

Io verrò, _____ che non debba rimanere in ufficio a lavorare.

Ho sempre difficoltà a riordinare le idee prima dello _____ di un tema.

L'antico castello _____ ora un lussuoso bed and breakfast.

La donna _____ i suoceri malati senza mai lamentarsi.

Non vedo particolari _____ al raggiungimento di un accordo.

Per molti _____ il proprio aspetto è importantissimo.

Queste sono le disposizioni per il corretto _____ delle prove scritte.

Questo caso _____ perfettamente le difficoltà di relazione tra adolescenti e genitori.

Se verrai in Italia, ti _____ volentieri nella mia casa di Roma!

Si dice che sia meglio prevenire che _____.

Il documento indica la data, l'ora e luogo di _____ della riunione.

Si può chiedere il rinvio per legittimo _____ dovuto a malattia.

Il dott. Piccoli _____ la traduzione del libro in inglese.

Il loro intento era quello di disturbare lo _____ della riunione.

28

LA STORIA DI SERGIO MANENTE

세르조 마넨테 이야기

28

세르조 마넨테 이야기

La storia di Sergio Manente

Sergio Manente, gentleman del football

Gli esordi

Tecnica impareggiabile, classe sopraffina e un'umanità gigantesca caratterizzano questo irripetibile giocatore. Cresce nelle giovanili dell'Udinese e fa il suo debutto in Serie B nella stagione 1942-43. La coppia di terzini titolari sarebbe Clocchiatti e Pressacco, ma essendo tempo di guerra entrambi vengono richiamati sotto le armi: l'allenatore Gino Bellotto, subentrato a stagione **in corso** a Ferenc Molnar, si affida a Manente. È l'inizio di una carriera straordinaria. Si vede da subito che Sergio è un predestinato. Il conflitto, però, costringe il mondo dello sport a fermarsi fino al 1945. Terminata la guerra si torna in campo. Manente viene soprannominato "Scove" **per via del** lavoro del padre, commerciante di scope, e in campo mette tutti d'accordo: è il prototipo del terzino moderno. Ha letteralmente due piedi, gli avversari non sanno se sia destro o mancino: è fluidificante, un lusso per il calcio di quei tempi. Spinge così tanto da far male anche nell'area avversaria, appoggia sempre la manovra e spesso arriva fino in fondo a calciare, di collo pieno o di esterno. A questo ci aggiunge un gran colpo di testa e uno straordinario tiro al volo, oltre al fatto di essere anche molto capace a tirare i rigori. Nel 1946 passa all'Atalanta in cambio di Zarlati, il suo allenatore è Luis Monti, "El Doble Ancho" argentino. Dopo due stagioni arriva la chiamata che gli cambia la vita, quella della Vecchia Signora.

Cuore bianconero

Al primo anno, sotto la guida dello scozzese William Chalmers, fonda le basi per diventare uno dei giocatori simbolo dello "stile Juventus". Un gentiluomo che fa del fair play la sua arma vincente, un calciatore che non ha bisogno di mettersi in luce. Amico di tutti, specialmente di Boniperti, **pacato** e poco amante dei riflettori. **Sa stare al suo posto** e non ha problemi a cambiare ruolo: inizialmente gioca a destra al fianco di Rava, poi va a sinistra per fare spazio a Bertuccelli. Ha una forza strapiante, eppure gioca sempre con il cervello, prima che con le sue doti fisiche. Vince due scudetti: nel 1949-50, riportando il Tricolore in casa Agnelli a distanza di 15 anni, e nel 1951-52. Con il passare degli anni acquisisce esperienza e non solo, diventando un punto di riferimento per i compagni in campo, ma soprattutto in allenamento. Migliora tutti i suoi colleghi sotto l'aspetto tecnico, tattico e sotto quello del comportamento. Un vero gentleman del football che, spesso, è solito inventarsi qualcosa di unico: un autogol.

Rito da leggenda

Ogni giocatore è scaramantico a modo suo. C'è chi infila prima lo scarpino sinistro, chi entra in campo sempre col piede destro, chi si fa il segno della croce. Negli anni se ne sono viste molte, ma il rito di Sergio Manente resta il più strano di sempre. Quando la sua squadra è in vantaggio di parecchi gol (e con un attacco formato da Boniperti, Hansen, Praest e Muccinelli capita spesso) trova il modo di fare un sacrificio per ringraziare gli Dei del calcio: la vittima è il proprio portiere, Giovanni Viola. A un certo momento della partita alza la mano, come a indicare che mancano cinque minuti al suo gesto scaramantico. Esattamente 300 secondi più tardi, spesso in pallonetto, realizza l'autogol anti sfortuna tra le imprecazioni del suo portiere, sempre voglioso di chiudere l'incontro da imbattuto.

(Tratto da https://www.tuttosport.com/news/calcio/ilcuoio/2019/12/09-64328676/sergio_manente_gentleman_del_football/)

1. Questo testo si rivolge a chi:
   ① vuole avere informazioni su come diventare un giocatore della Juventus
   ② è fan del Milan e vuole conoscere il suo passato
   ③ è interessato alla storia di icone dello sport
   ④ studia i riti scaramantici degli italiani

2. In base alle informazioni presenti nel testo, Sergio Manente:
   ① era un terzino
   ② è nato a Torino
   ③ amava le telecamere
   ④ non sapeva tirare i rigori

3. Durante il periodo alla Juventus, Manente:
   ① non va d'accordo con i colleghi
   ② in campo cambia posizione
   ③ non ha avuto molto successo
   ④ vince il secondo scudetto 15 anni dopo il primo

4. Che cos'è il "rito da leggenda" di Manente di cui parla il testo?
   ① Entrare in campo con il piede destro e farsi il segno della croce
   ② Assicurarsi di avere in attacco Boniperti e in porta Viola
   ③ Alzare la mano 5 minuti prima della fine della partita
   ④ Fare autogol quando la propria squadra è in grande vantaggio

5. Che significato ha l'espressione "in corso" nel testo?
   ① Già conclusa
   ② Corsa
   ③ Già iniziata
   ④ Terminata

6. Con quale espressione possiamo sostituire "per via del"?
   ① A causa del
   ② Al contrario del
   ③ Nonostante il
   ④ Essendo via il

7. Quale tra questi è il contrario di "pacato"?
   ① Quieto
   ② Agitato
   ③ Falso
   ④ Pigro

8. Che cosa significa l'espressione "sa stare al suo posto"?
   ① Raramente si alza da tavola e torna sempre al suo posto
   ② Sa esattamente dov'è il suo posto a sedere e non si confonde mai
   ③ Non ha capito cosa deve fare e quindi crea diversi problemi
   ④ Conosce e accetta la sua posizione all'interno dell'organizzazione

9. Con quale espressione possiamo sostituire "di sempre"?
   ① Di tutti i tempi
   ② Di solito
   ③ Di sicuro
   ④ Continuamente

Vocabolario

impareggiabile agg. 비할 바 없는, 탁월한 classe s.f. 1) 계급 2) 학급, 반, 수업 3) 품위 gigantesco agg. 거대한 caratterizzare v.tr. 특징을 이루다 irripetibile agg. 되풀이 할 수 없는, 비길 수 없는 debutto s.m. 데뷔 terzino s.m. (축구) 풀백 subentrare v.intr. ~의 후임이 되다 predestinato s.m. 운명이 예정된 사람 agg. 예정된, 숙명지워진 costringere v.tr. ~을 강제하다 scopa s.m. 빗자루 prototipo s.m. 프로토타입, 전형 avversario s.m. 적 rigore s.m. 페널티킥 allenatore s.m. 코치 bianconero agg. 유벤투스의 pacato agg. 조용한, 고요한 straripante agg. 넘치는 scudetto s.m. 스쿠데토 (이탈리아 세리에 A 선수권) Tricolore s.m. (일반적으로) 이탈리아 국기, (축구의 경우) 스쿠데토의 상징 allenamento s.m. 훈련, 연습 tattico agg. 전술적인 scaramantico agg. 미신의 "farsi il segno della croce" 성호를 긋다 imprecazione s.f. 저주

Esercitiamoci

Completate le seguenti frasi utilizzando il lessico appena imparato.

---

1 impareggiabile, classe, gigantesco, caratterizzare, terzino

---

Ci guardò e ci disse di arrampicarci su quell'albero _____.

Attualmente i _____ più famosi al mondo sono Carvajal del Real Madrid e Alaba del Bayern Monaco.

Credimi, si è creato un _____ equivoco.

Di conseguenza la _____ borghese si ribellò.

In cucina, sta una spanna sopra tutti, è _____.

La cittadella _____ da stradine strette e tortuose.

Non esistono sul mercato prodotti paragonabili: la resistenza al fuoco di questo tessuto brevettato è _____.

Possiede tutte le qualità che _____ le persone di successo.

Che tocco di _____ quel tiro di Son Heung-min!

Questo tipo di reazioni lo _____.

Giovanni e Valentino sono nella stessa _____.

Nel gioco del calcio si definisce _____ il difensore esterno di fascia destra o sinistra.

---

2 irripetibile, debutto, subentrare, predestinato, costringere

---

I trend della moda _____ a cambiare guardaroba ogni sei mesi.

Contratto di affitto: come _____?

Forse non tutti sanno che al suo _____, la Callas fu oggetto di derisione da parte dei colleghi per l'accento e per l'obesità.

Hai avuto un'occasione _____, devi ritenerti molto fortunato!

È previsto per domani sera il _____ della nuova compagnia teatrale.

Il collega che _____ a te il mese scorso, non regge il confronto.

Nella gara di domenica, il figlio del defunto campione di Formula Uno si è dimostrato all'altezza del padre, e sembra _____ al successo.

Non possiamo _____ qualcuno ad amarci!

Pensavo che Giulia fosse _____ a grandi imprese, ma evidentemente mi sbagliavo.

Se non cambi atteggiamento, mi _____ a prendere decisioni dure!

Vedere di persona il mio idolo è stata un'emozione _____.

Se prima le maggiori case editrici sponsorizzavano di frequente il _____ di un nuovo scrittore, ora sono sempre più caute.

3 scopa, prototipo, avversario, rigore, allenatore

Addio allo storico _____ del Torino e del Milan. Per 30 anni ha guidato grandi squadre e viene ricordato con affetto anche dai tifosi avversari.

Il mio collega è il _____ dell'impiegato perfetto.

In base alle nuove regole del calcio, anche per l'_____ può scattare il cartellino, giallo o rosso.

Incredibile calcio di _____ concesso all'ultimo minuto.

L'_____ si rispetta, altrimenti non è un _____, è un nemico.

L'arbitro ha annullato il tiro partito dall'area di _____.

La _____ sta scomparendo nelle nostre case, a favore degli aspirapolveri elettrici.

Non si può andare in produzione se prima il _____ non viene collaudato.

Prendi la _____ e spazza via le foglie!

Anticipare le mosse del proprio _____ è fondamentale nelle arti marziali.

Questo _____ è il risultato della collaborazione con un famoso studio di design.

4 bianconero, pacato, straripante, scudetto, Tricolore

Al momento dell'esplosione, il mercato era _____ di gente.

Brutte notizie dal mondo _____: sconfitta per la squadra giovanile della Juve.

Calmati e facciamo un ragionamento _____!

Chi ha vinto lo _____ l'anno scorso?

Ha risposto con tono _____.

Il _____ indica per antonomasia la bandiera italiana.

Il confronto con l'arbitro dovrebbe mantenere sempre toni calmi e _____.

In occasione della Festa della Repubblica Italiana, ovunque nelle strade sventola il _____.

Le due squadre si confronteranno all'Olimpico per la partita dello _____.

Non occorre essere tifosi per sapere che l'aggettivo _____ indica la Juventus.

Ricomincia il campionato di calcio e la lotta per lo _____.

Si è esibito sul palco con una _____ energia.

Mia nonna era molto _____: ad ogni nuovo nato in famiglia regalava un cornetto porta-fortuna.

Il conduttore televisivo si è pubblicamente scusato per l'_____ fuori onda.

Il recupero della palla, il mantenimento del possesso, i contrasti e il dribbling, sono solo alcuni esempi delle principali situazioni _____ del calcio.

La mia amica è molto religiosa, non dimentica mai di _____ prima dei pasti.

L'allenamento _____ parte dal presupposto che la strategia sia fondamentale tanto quanto l'esercizio fisico.

Un famosissimo atleta diceva: "Ho odiato ogni minuto di _____, ma mi dicevo non rinunciare, soffri ora e vivi il resto della vita come un campione!"

Molti e vari sono i gesti _____ dei giocatori di calcio prima di entrare in campo, ma il preferito sembra essere sempre _____.

Sorpresi a urlare _____ in classe: alunni sospesi per tre giorni.

Tutti vogliono vincere, ma solo pochi sono disposti all'_____ duro e quotidiano.

In alcuni paesi l'_____ o bestemmia non è un crimine, in altri invece è punibile per legge, e in alcuni addirittura con la pena di morte.

29

PER CHI STUDIERÀ IN ITALIA
이탈리아에서 공부할 사람을 위해

이탈리아에서 공부할 사람을 위해

Per chi studierà in Italia

Studiare in Italia

Sono stato ammesso ad un corso di laurea pluriennale, ma l'Ambasciata mi ha rilasciato un visto per un anno. Come farò per gli anni futuri? Dovrò richiedere un nuovo visto?

Non sarà necessario. Il visto costituisce il permesso di entrare in Italia la prima volta con la motivazione riportata sull'etichetta visto (studio-Università, in questo caso). Entro 8 giorni dall'ingresso in Italia, lo studente straniero deve presentare una richiesta di permesso di soggiorno all'Ufficio Immigrazione della Questura competente per il Comune di residenza. Il permesso di soggiorno è il titolo che legittima la presenza dello straniero in Italia. Deve essere rinnovato prima della sua scadenza.

Sono uno studente di italiano all'estero e voglio perfezionare la conoscenza della lingua in Italia.

È possibile, se non siete principianti e se avete già una conoscenza della lingua a livello intermedio. Per studiare la lingua italiana, un requisito per il visto studio è che i corsi siano di livello superiore. Inoltre, deve trattarsi di corsi a tempo pieno e di durata determinata. Le Università per stranieri di Perugia e di Siena, L'Università degli studi Roma Tre offrono corsi prestigiosi e qualificanti ai fini dell'ottenimento della "Certificazione Lingua Italiana di Qualità – CLIQ". Questo sistema di valutazione e certificazione è in linea con gli standard scientifici fissati dal Consiglio d'Europa nel "Quadro Comune Europeo di Riferimento per le Lingue".

Sono uno studente straniero in Italia ed ho un permesso di soggiorno per studio. Posso viaggiare in altri paesi Schengen durante le vacanze?

Sì. Il vostro permesso di lungo soggiorno vi dà diritto di viaggiare negli altri paesi Schengen fino ad un massimo di 90 giorni ogni 180 giorni. Tenete presente che non tutti i paesi europei sono paesi Schengen! Prima di comprare il biglietto di viaggio, consultate l'elenco dei paesi Schengen.

Sono uno studente straniero in Italia ed ho un permesso di soggiorno per studio. Finito il mio periodo di studio, vorrei fermarmi per viaggiare in Italia e in altri paesi Schengen. Ma il mio permesso di studio scade. Come posso fare?

Se siete cittadini di un Paese esentato dal visto per periodi brevi (fino a 90 giorni), avete la possibilità di fermarvi in Italia e in area Schengen, anche dopo la scadenza del vostro permesso di soggiorno, fino ad un massimo di altri 90 giorni.

La responsabilità di concedere l'autorizzazione alla proroga del soggiorno come turisti e non più come residenti spetta all'Ufficio immigrazione di zona a cui è necessario rivolgersi per ogni ulteriore informazione circa i requisiti da soddisfare e la documentazione da presentare.

Se invece siete cittadini di un paese che è soggetto all'obbligo del visto anche per brevi soggiorni, non potrete fermarvi oltre la scadenza del vostro permesso di soggiorno.

Sono uno studente straniero in Italia. Posso lavorare per mantenermi agli studi?

Sì. Il permesso di soggiorno per studio consente di svolgere un'attività lavorativa part-time per un massimo di 20 ore settimanali, anche per l'intero anno e per non più di 1.040 ore annuali.

Sono uno studente universitario straniero in Italia. Sto per laurearmi e ho già avuto un'offerta di lavoro. Posso convertire il mio permesso di studio in permesso per lavoro?

Sì, se l'attuale permesso per studio è ancora valido. Ènecessario che lo studente stipuli un contratto di soggiorno per lavoro con il futuro datore di lavoro presso il SUI (Sportello Unico Immigrazione). Se lo studente si è laureato o ha conseguito un titolo post-laurea, il permesso di soggiorno per lavoro subordinato viene rilasciato al di fuori delle quote dei flussi. Tutta questa materia è di competenza degli Uffici Immigrazione delle Questura italiane. Sui siti web delle Prefetture potrete trovare informazioni più dettagliate.

(Tratto da https://www.esteri.it/mae/it/servizi/sportello_info/domandefrequenti/studiare-in-italia.html)

1. In base a questo testo, chi ha il visto di un anno per studiare in Italia:
   ① dopo un anno deve rinnovare il visto in Italia
   ② entro 8 giorni dalla scadenza deve richiedere un altro visto
   ③ deve tornare nel proprio Paese per rifare il visto
   ④ non deve richiedere il visto per gli anni futuri

2. Chi vuole studiare italiano in Italia può ottenere il visto se:
   ① si tratta di corsi part-time
   ② il suo livello di italiano è già intermedio
   ③ i corsi sono anche di cultura italiana
   ④ ha deciso di studiare in Italia per più di un anno

3. Gli studenti che hanno il permesso di soggiorno di studio possono recarsi in altri paesi europei dell'area Schengen:
   ① solo durante le vacanze
   ② in alcuni casi, anche quando il permesso di soggiorno è scaduto
   ③ solo se hanno già comprato il biglietto in Italia
   ④ solo fino a un massimo di 180 giorni

4. Gli studenti che hanno il permesso di soggiorno di studio:
   ① possono lavorare solamente meno di 20 ore mensili
   ② possono lavorare solo se superano le 1.040 ore di lavoro annuali
   ③ possono fare un lavoro part-time che non superi le 20 ore alla settimana
   ④ possono lavorare solo sei mesi all'anno, un massimo di 20 ore settimanali

5. Quale tra questi è il contrario di "prestigiosi"?
   ① Scadenti
   ② Costosi
   ③ Famosi
   ④ Scontati

6. Che cosa significa l'espressione "tenete presente che"?
   ① Dovete segnalare che
   ② Ricordate che
   ③ Così tanto che
   ④ È probabile che

7. Nel testo l'espressione "spetta all'Ufficio" può essere sostituita con:
   ① È revocata dall'Ufficio
   ② Deve aspettare l'Ufficio
   ③ È accertata dall'Ufficio
   ④ È di competenza dell'Ufficio

8. L'espressione "oltre la" nel testo significa:
   ① vicino alla
   ② prima della
   ③ dopo la
   ④ durante la

Vocabolario

ammettere v.tr. 1) (장소·조직 따위에서) ~을 받아들이다 2) ~을 허락하다 2) ~을 인정하다 visto s.m. 비자 permesso s.m 허가 motivazione s.f. 동기 etichetta s.f. 1) 꼬리표, 라벨, 상표 2) 에티켓, 예의범절 ingresso s.m. 입국 richiesta s.f. 요구, 요청, 신청 "permesso s.m. ~di soggiorno" 체류 허가증 "ufficio s.m ~immigrazione" 이민국, 출입국 관리 사무소 Questura s.f. 경찰서 competente agg. 관할권이 있는 "comune s.m. ~di residenza" 거주지 시청 legittimare v.tr. 1) ~을 적법하게 만들다 2) ~을 정당화하다 rinnovare v.tr. 1) ~을 새롭게 하다, ~을 개혁하다 2) ~을 연장하다, ~을 다시 하다 scadenza s.f. 만기 principiante s.m.f. 초심자 intermedio agg. 중급의 requisito s.m. 필요조건 qualificante agg. 자격을 부여하는 ottenimento s.m. 획득, 달성 paesi Schengen (paese s.m.) 셍겐 조약국 (통행제한이 없는 국가) consultare v.tr. 1) ~을 참고하다 2) ~과 상담하다 concedere v.tr. (a~ di, che~) (특권·허가 따위를) 부여하다, ~을 허락하다, ~을 허용하다, ~을 허가하다 proroga s.f. 연장 consentire v.tr. (a~ di, che~) ~을 허락하다, ~을 허용하다, ~을 가능하게 하다 laurea s.f. 대학 졸업 laurearsi v.intr.pron. (대학) 졸업하다 valido agg. 유효한 stipulare v.tr. ~을 약정하다 "datore s.m. ~di lavoro" (datrice s.f.) 고용주 subordinato agg. 하위의, 종속된 quota s.f. 1) 할당량, 쿼터 2) 할당분, 분담액 flusso s.m. 흐름, 유출

Esercitiamoci

Completate le seguenti frasi utilizzando il lessico appena imparato.

1	ammettere, visto, permesso, motivazione, etichetta

Irene è uscita dall'aula senza chiedere il _____ all'insegnante.

Il _____ può essere negato in presenza di precedenti penali.

Il fatto che tu _____ i tuoi errori è indice di maturità.

In Corea non è possibile vendere prodotti con l'_____ solo in inglese.

Io non ho il _____ necessario per accedere all'area riservata.

La _____ della sentenza è stata depositata.

Per alcuni paesi, il _____ turistico per gli Stati Uniti può essere richiesto e ottenuto online.

Per legge, la tabella nutrizionale va indicata sull'_____.

Purtroppo Fabio non _____ all'università a cui aspirava.

Quali sarebbero le _____ alla base di questa scelta?

In aula non _____ l'uso dei telefoni cellulari.

2 | ingresso, richiesta, permesso di soggiorno, Ufficio immigrazione, Questura

Come ho fatto a dimenticarmi di ritirare il passaporto in _____ prima di partire?

Il _____ deve essere richiesto presso la _____ competente entro 8 giorni dall'arrivo.

L'_____ di questo paese nell'Unione Europea è molto controverso.

La _____ del certificato di residenza al Comune può essere fatta anche online.

L'orario dell' _____ è stato esteso fino alle 6.

Mi tocca andare in _____ a sporgere denuncia per la clonazione della carta di credito.

Ottenere il _____ in quei paesi è una procedura lenta e complessa.

Potreste gentilmente motivare la _____?

Questo è l'_____ principale, da qui si accede alle aule.

Lunedì devo andare all'_____, mi accompagni?

3 | competente, Comune di residenza, legittimare, rinnovare, scadenza

Non è possibile _____ la sua assenza.

Bisogna indicare la _____ sull'etichetta in modo chiaro e leggibile.

La dichiarazione di morte deve essere presentata all'ufficio del _____ entro 48 ore.

La nostra Commissione non è _____ in questa materia.

Le autorità _____ avviano le indagini a partire dalla segnalazione del reato subìto.

Mi spiace, la _____ per la presentazione delle domande era ieri.

Per _____ l'iscrizione all'Albo è necessario un corso di aggiornamento.

In passato la Corte _____ l'intervento del legislatore.

Preparati all'eventualità che possano non _____ il tuo visto.

Qual è la procedura per il rito civile del matrimonio fuori dal _____?

Federico e Marta hanno deciso di _____ il loro locale.

4	principiante, intermedio, requisito, qualificante, ottenimento

Anche il più grande dei campioni è stato un _____, all'inizio.

Il candidato possiede ogni _____ richiesto, ad eccezione dell'età.

Il corso è riservato ai _____.

Indicare la data di _____ del titolo di studio.

Mancano i _____ per accogliere la domanda.

Ho abbastanza esperienza, quindi mi considero un fotografo amatoriale _____.

Se hai bisogno di un certificato, ti consiglio questo: è un corso _____.

Obiettivo del livello _____ è la comprensione di testi complessi e la capacità di intera-
gire con relativa sicurezza.

Per l'_____ dell'esclusiva abbiamo dovuto garantire l'acquisto di quantitativi minimi.

Se non è un corso di specializzazione _____ per la mia professione, non mi interessa.

5	Schengen, consultare, concedere, proroga, laurea, laurearsi

Sono venuto in Italia dopo _____ al Dipartimento d'Italianistica della Hankuk University of Foreign Studies.

Domani c'è la festa di _____ di Giorgio.

Devo chiedere la _____ sul prestito, credi che me la concederanno?

Il Patto _____ permette di circolare liberamente in un territorio costituito da 26 paesi
europei.

In questa pagina è possibile _____ lo stato della pratica in qualunque momento.

La _____ della scadenza per il pagamento dell'IVA è stata accordata.

In caso di respirazione accelerata, è necessario _____ il medico.

Anche questa volta i suoi genitori non gli _____ di rientrare tardi.

Quest'anno l'azienda ha deciso di _____ a tutti un bonus per i risultati raggiunti.

Il Sistema _____ è spesso bersaglio degli euroscettici, che lo accusano di facilitare la
criminalità transfrontaliera e il terrorismo.

Spetta unicamente al Presidente della Repubblica _____ la grazia.

La Corea ha la più alta percentuale al mondo di giovani (25-34 anni) con una _____.

Ho sentito che anche Michele finalmente _____.

6	consentire, valido, stipulare, datore di lavoro, subordinato, quota, flusso

Una nuova app _____ di controllare i voti dei propri figli a scuola.

La scheda elettorale non è _____ se presenta segni aggiuntivi alla preferenza.

È stata definita la _____ degli utili che spetta ad ogni azionista.

Ecco cosa rischia il _____ nel caso di mancato o ritardato pagamento del Trattamento di Fine Rapporto (TFR).

Il contratto di lavoro _____ deve rispettare non soltanto i Contratti Collettivi Nazionali di Lavoro, ma anche i princìpi sanciti della Costituzione.

Ciascun socio dovrà versare una _____ di iscrizione.

Il rilascio della copia cartacea del certificato è _____ al pagamento del bollo.

Ovviamente occorre fare attenzione quando si _____ un contratto di compravendita.

La pioggia non gli _____ di partire.

La mia offerta è ancora _____.

Tutti i paesi coinvolti domani _____ un accordo.

Aumenta il numero di italiani che emigrano all'estero, mentre diminuiscono i _____ di migranti dall'Africa verso l'Italia.

Il _____ ha la facoltà di stabilire il periodo di ferie per i dipendenti.

La _____ di immigrazione probabilmente aumenterà.

Il _____ dei visitatori è sempre stato regolare.

Questo visto non _____ di trovare lavoro.

Appunti

CONOSCETE CHRISTIE'S?
크리스티를 아시나요?

3C

크리스티를 아시나요?

Conoscete Christie's?

La storia all'asta

Christie's, la maggiore auction house del mondo, compie 250 anni di onorata e fortunata attività. Un gran libro **appena** uscito in libreria nella versione italiana intitolato AGGIUDICATO! ne racconta la storia illustrandola con i lotti più significativi messi all'incanto. Un avvincente viaggio nella cultura alta e bassa di ogni parte del mondo.

L. voc. accelera, tambureggia, i. martellett. batt. tr. volte, l. voc. or. modul. u. secc. . trionfant. "aggiudicato!", seguito da **un numero che fa girar la testa.** U. altro pezzo di storia dell'umanità ha **appena** cambiato proprietario nella più perfetta rappresentazione del libero mercato - eccetto che per l'onnivora presenza dello Stato che reclama la sua parte su ogni libero scambio: l'asta. Di questi passaggi Christie's, la più grande, famosa e antica auction house del mondo, è stata testimone e levatrice decine di migliaia di volte, forse centinaia di migliaia, da quando il 5 dicembre 1766 il suo fondatore Mr. James Christie batté un set di sei scodelle da una pinta per la prima colazione a favore di Mr. Sheppherd per 19 scellini. Migliaia sono le vite passate per le sale del palazzo di Pali Mall 83-84 di Londra, migliaia le estasi e le disperazioni andate **colà** in scena, milioni gli oggetti transitati che ora, abilmente antologicizzati, innervano un magnifico libro edito da Phaidon e intitolato, nella versione italiana Aggiudicato! (in originale Going once). Ogni sua pagina è la tessera di un formidabile e unico trattato di antropologia culturale nel quale dietro ogni oggetto si cela un aneddoto, ma pure la psicologia di tante persone, chi vende, chi acquista, chi concorre all'incanto e naturalmente il battitore dai modi invariabilmente attoriali.

(Tratto da Gabriella Alessi-Tutino, La storia all'asta, AD Architectural Digest. Le più belle case del mondo, n. 432, giugno 2017, p. 191~192)

---

1. Il libro di cui parla il testo è:
   ① sulla storia dell'umanità
   ② sulla più famosa casa d'aste al mondo
   ③ sulla storia delle case d'aste europee
   ④ sulla vita privata di James Christie

2. In base al testo, quale tra le seguenti affermazioni sulla parola "Aggiudicato!" non è corretta?
   ① È il titolo di un libro
   ② Viene pronunciata dopo il terzo colpo di martelletto
   ③ Indica il cambio di proprietario
   ④ È un lotto messo all'asta

3. Secondo il testo, Christie's:
   ① ha più di 350 anni
   ② non paga alcuna percentuale allo Stato
   ③ ha trattato milioni di oggetti diversi
   ④ chiuderà prossimamente

4. L'espressione "un numero che fa girar la testa" significa:
   ① un numero esorbitante
   ② un numero sconosciuto
   ③ un numero difficile da capire
   ④ un numero irrisorio

5. Nel testo, con quale significato è usato "appena"?
   ① Solo
   ② Da poco
   ③ Subito
   ④ Spesso

6. A che cosa si riferisce la parola "colà", presente nel testo?
   ① Nelle scene teatrali
   ② Nelle sale del palazzo
   ③ In giro per Londra
   ④ Nella sala da colazione di Mr. Sheppherd

Vocabolario

asta s.f. 경매 onorato agg. 존경받는, 영광스러운 versione s.f. 판본, 버전 raccontare v.tr. ~을 이야기하다, ~을 말하다 incanto s.m. 매혹 avvincente agg. 사로잡은, 매력적인 tambureggiare v.tr. 북을 치다, (단단한 것을 두드려서) 소리를 내다 aggiudicato agg. 낙찰된 onnivoro agg. 잡식성의, 무엇이라도 잡아먹는 reclamare v.tr. ~을 요구하다 v.intr. (~에 대해) 항의하다, (~에 대해) 비난하다 testimone s.m.f. 증인 scodella s.f. 공기, 사발 estasi s.f. 액스타시, 황홀경 disperazione s.f. 절망 transitare v.intr. ~을 지나가다 antologicizzato agg. 선집에 포함된 (antologizzare v.tr. 선집에 포함하다) innervare v.tr. 1) 신경을 분포시키다 2) ~을 자극하다 formidabile agg. 어마어마한, 엄청난 aneddoto s.m. 일화 psicologia s.f. 심리학, 심리 concorrere v.intr. 1) ~이 모이다 2) 힘을 합치다 3) (~과) 경쟁하다 battitore s.m. 1) 경매인 2) (야구) 타자

Esercitiamoci

Completate le seguenti frasi utilizzando il lessico appena imparato.

1	asta, onorato, versione, raccontare, incanto

È quasi una prerogativa dei nonni _____ favole e storie ai nipotini.

Mi sento _____ di poter partecipare a questo evento.

Ho consegnato la _____ definitiva del mio manoscritto alla casa editrice.

I risultati delle _____ estive di arte moderna e contemporanea sono stati deludenti.

Sono davvero _____ di conoscerLa.

Per acquistare a un'_____ di antiquariato meglio chiedere la consulenza di un esperto.

Quel piccolo paese è un _____, non me l'aspettavo così bello!

Questa è la _____ moderna della vecchia scopa elettrica.

Sarà meglio indagare più a fondo. Quel testimone non _____ tutto.

Scoprite una località d'_____ sulla costiera amalfitana...

2	avvincente, aggiudicato, onnivoro, testimone, reclamare

Asta record: il capolavoro dell'impressionismo _____ per 100 milioni di dollari.

Gli _____ per eccellenza siamo proprio noi, gli esseri umani.

_____ per 10.000 euro!

Il maiale è un _____ come anche l'orso, il riccio e la gallina.

L'avvocato ha interrogato come _____ il fratello della vittima.

In passato molti _____ per il servizio scadente del ristorante.

Sarà un onore per me fare da _____ al tuo matrimonio.

Un film _____ ad esclusione del finale un po' prevedibile.

Fino a oggi, nessuno _____ la vincita al Superenalotto.

Una partita _____ dal primo minuto all'ultimo, siamo rimasti col fiato sospeso!

| 3 | scodella, estasi, disperazione, transitare, antologizzato, antologizzare |

Devo aver messo troppo lievito: l'impasto è fuoriuscito dalla _____.

Di fronte al capolavoro di Leonardo tutti rimangono a guardare in _____.

Durante le festività i mezzi pesanti non possono _____ regolarmente.

In questo caso, i brani _____ non rispettano la divisione in paragrafi operata dall'autore.

Lo sciamanesimo è definito da alcuni come l'insieme di tecniche dell'_____.

Nella _____, non nutrendo più alcuna speranza, si rischia di commettere azioni imprudenti.

Quando si è raffreddati, una _____ di brodo caldo è il massimo.

Sono state designate alcune strade per far _____ le biciclette sulle piste ciclabili.

La casa editrice _____ i principali racconti dell'autore per la prima volta.

Quando ho visto l'importo della bolletta ero in preda alla _____, ma poi ho accertato che si trattava di un errore.

| 4 | innervare, formidabile, aneddoto, psicologia, concorrere, battitore |

Esistono corsi per diventare_____ o banditore d'aste.

Tutti noi inquilini dovremo _____ alle spese per riparare l'ascensore.

Babe Ruth è un leggendario _____ di baseball americano.

Citare un _____ è un buon modo per far comprendere un argomento in modo piacevole e divertente.

Freud è ritenuto il fondatore della _____ moderna.

Il ginseng è un rimedio naturale _____ per chi soffre di pressione bassa.

Lo scrittore ha usato un leggero umorismo per _____ il romanzo.

Mi sono iscritto al corso di _____.

Permettetemi di concludere il mio discorso con un piccolo _____.

Sono in troppi a _____ per i pochi posti disponibili nelle migliori università.

Una gara _____ fin dalla partenza.

Il nervo trigemino _____ il viso.

Tutte le linee _____ nello stesso punto.

CHIAVI
해답

해답

CHIAVI

아래 정답에서 동사 변화형이 필요한 경우, 맥락에 따라서 다른 답변도 정답이 될 수 있습니다.

	1,3,2,4,3,2,1
1	**Esercitiamoci** 1. sapere; consumare; forse; ho consumato; consumare; miliardo; miliardo; forse; sapere 2. conto; destinato; tingersi; testa; testa; tingersi; uovo; destinare; conto 3. Spremete; succo; bacca; spremere; bacca; ottenere; spremere/usare; usare; ottenere; usare 4. emanare; proibire; includere; edera; ha incluso; scaricare; emana; ha proibito; edera; scaricare

	3, 1, 2, 3, 4
2	**Esercitiamoci** 1. orizzonti; tentativo; superare; termine; superare; superare; orizzonte; orizzonte; termine; tentativo; tentativi; termine 2. costume; origine; cittadinanza; origine; ha inglobato; cittadinanza; costume; saranno/verranno inglobati; origine; ha inglobato; costume; costumi 3. cosmopolita; ambiente; cosmopolita; Antica Grecia; ambiente; cittadino; Antica Grecia; ambiente

	3, 2, 3, 1, 3, 4
3	**Esercitiamoci** 1. Occupo; piano; occupa; edificio; piano; corridoio; edificio; piano; occupa; piani; corridoio 2. progetto, contiene; assoluto; museo; musei; contenere; contiene; assoluta; progetto 3. collezione; collezione; Rinascimento; capolavoro; statuaria; Rinascimento; statuaria; collezione; capolavoro; collezione; collezione 4. raccolta; comprende; galleria; hanno abbellito; galleria; raccolta; abbellire; comprendere; raccolta; Trecento; raccolta

4

3, 2, 1, 1, 3, 4

Esercitiamoci

1. fidarsi; si rivolge; mi fido; visitare; rivolgersi; ti fidare/fidarti; visito; consiglio; rivolgersi; visiterò; gestore; rivolgerti; gestore
2. conosci; suggerire; conoscere; piattaforma; condividiamo; piattaforma; condivido; albergatore; ha suggerito; conosco
3. esperienza; ha trovato; si scambiano; viaggio; esperienza; consentire; ci siamo scambiati; itinerario; consentono; itinerario; aver trovato; viaggio

5

2, 2, 4, 2, 4, 1

Esercitiamoci

1. ateneo; retta; campagna; crollo; regimi; crollo; regime; campagna; atenei; campagna; retta; campagna
2. abbandonare; ha rischiato; hanno rischiato; capitale; sono state coinvolte; stabilizzare; capitale; rischiare; coinvolgere; stabilizzare; abbandona
3. Evita; stia evitando/eviti; coltivazioni; eccesso; sussidio; coltivazione; matricola; eccessi; sussidio; matricole
4. riso; ha generato/genera; Ho deciso; guadagnarci; generare; decidere; si è guadagnato, si avvicini; si avvicina/si sta avvicinando; genera; ha deciso; riso

6

4, 2, 3, 1, 2, 4

Esercitiamoci

1. inferno; celebrare/celebreranno; analizzare; dirigere; inferno; dirigere; celebrare; analizzare; celebriamo; ha diretto
2. dedicare; borghese; debuttare; dedicare; dedicare; punto di vista; borghese; punto di vista; punto di vista; debuttare
3. Riunire; riunire; scena; tappa; scena; riunire; ha reso/ha resa; rendere; tappa; rendere; scena; riunire

7

3, 2, 4, 1, 2

Esercitiamoci

1. disposizione; accompagna; percorso; disposizione; percorso; disposizione; accompagnare; percorso; disposizione; accompagnare; disposizione
2. scelta; colloquio; servizio; colloquio; servizio; scelta; informativo; scelta; servizio; informative;
3. professionisti; testimonianze; docenti; aspettative; aspettative; testimonianza; professionisti; docente; professionista

8	3, 3, 4, 2, 4, 2, 1
	Esercitiamoci 1. persiana; sono contraddistinte; pressoché; caratteristico; pressoché; caratteristico; è contraddistinto; persiane; è contraddistinto 2. tapparella; infissi; scorrimento; infissi; scorrimento; verticale; tapparelle; verticale 3. Insomma; tenda; chiaro; mediterraneo; assenza; chiaro, assenza; tenda; insomma, chiaro; mediterraneo; Insomma 4. trasparente; proteggere; Proteggersi; usanza; merce; penetrare; si protegge; penetrare; merce; usanza; transparente; Proteggere

9	3, 4, 3, 1, 2, 3
	Esercitiamoci 1. tritava; ha sbattuto; spicchio; sbatte; spicchio; trito; sbattere; tritare; spicchi; arrostire; sbattere; arrostire; tritare 2. porzione; crocchette; guarnire; papaveri; guarnire; porzione; ridurre; papaveri; ridurre; crocchette; papaveri; ha ridotto 3. ho inserito/inserisco; formare; padella; amalgamare; padella; formare; amalgamare; inserisci; amalgamare; macinare/macinate 4. dadini; dividere; composto; dosi; dividere; dose; mozzarella; dividere; mozzarella; funghi porcini; dadini

10	2, 1, 1, 2, 3, 4
	Esercitiamoci 1. organizzare; organizzare; chic; sfruttare; lungo; chic; lungo; organizzare; lungo; sfruttare; lungo 2. sparire; misura; mensola; misura; mensola; sparire, sparisce/è sparita; mensola; misurare 3. studio; panca; ha realizzato; realizzare; studio; realizzare; panca; studio; moodboard; realizzare; moodboard; studio

11	3, 1, 2, 4, 2, 1
	Esercitiamoci 1. biblioteca; valorizzare; archivio; biblioteca; finanzia; biblioteca; archivio; valorizzare; finanziare; valorizzare; archivio; finanziano/finanziavano 2. statale; patrimonio; librario; patrimonio; chiunque; statale; statale; patrimonio; chiunque; patrimonio; Chiunque 3. istituto; conservare; richieste; Istituto; conserva; richiesta; istituto; conservato; richiesta; conservava

12

3, 4, 1, 3, 2, 1

Esercitiamoci
1. Oltre al; trascorrere; oltre al; trascorrere; toccare; innato; eppure; innato; eppure; toccare; Oltre a
2. basta; bastano; curva; sfumatura; spigoli; ritrae; curva; ha ritratto/ritrae; sfumature; bastare; spigolo; bastare; basta
3. pastello; riflesso; metallo; riflesso; pannelli; dimenticare; metallo; pannello; dimenticare; pastello; aver dimenticato
4. aura; grattugia; grattugia; è emerso; emergeva; caffettiera; aura; emergevano; caffettiera
5. filtri; colore; impolverati; trasforma; ha trasformato; impolverati; colore; colori; filtro

13

2, 4, 1, 3, 2, 1

Esercitiamoci
1. Conquistarono; gusto; candita; avvolgeva; assaporare; ambiguo; gusto; ambigua; avvolgere; stava assaporando; ambigua; gusto; gusti; canditi; conquistare
2. palato; assaggio; hanno rapito/rapirono; palato; goloso; glassate; goloso; glassata; marrone; rapisce/rapiva; marroni; assaggio
3. merita; confezionano; meritano; passione; ha rivelato/rivelò; passione; autentica; confezionare; autentico; merita; rivelare; rivelò; merita

14

3, 3, 1, 2, 4, 3, 1

Esercitiamoci
1. mantenere; consigli; piante grasse; mantenere; giardiniere; consiglio; innaffiatura; piante grasse; mantenere; giardiniere; consiglio; innaffiatura; piante grasse
2. soleggiata; concimazione; sbalzi; corrente d'aria; sbalzi; davanzale; correnti d'aria; soleggiata; concimazione; davanzale
3. adattarsi; ha distribuito; distribuire; ristagna; adattarsi; bagnare; ristagna; bagnare; distribuire

15

2, 3, 4, 1, 2, 4

Esercitiamoci
1. mancato; territoriale; disputa; mancato; territoriale; svolta; disputa; svolta; mancato; svolte
2. nodo; arcipelago; rivendicazione; rinunciare; rivendicazioni; trattato; arcipelago; trattato; nodo; rinunciare; nodo
3. irrisolto; risolvere; restrizioni; restrizioni; irrisolto; accordo; risolvere; accordo

16	3, 1, 3, 4, 1, 2

Esercitiamoci

1. aumentare; incertezza; essenziale; curiosità; incertezza; sono aumentate; curiosità; essenziali; aumentare

2. ricerca; potenzialità; cruciale; scopo; ricerca; potenzialità; processo; cruciale; scopo; processo; ricerca

3. distoglie; dannoso; spingere; comportamento; evolutiva; distogliere; dannoso; spingere; evolutivo; comportamento; distogliere; ha spinto

4. scala; ha appreso; apprendimento; benessere; scale; Apprendere; benessere; scala; apprende

17	2, 2, 3, 1, 4, 3

Esercitiamoci

1. alternare; è indicata; cellule nervose; indaga/sta indagando; indicare; indaghino; cellule nervose; alternare; indicare

2. percepisci; escludere; monitor; scimmia; esclude; monitor; percepisce; scimmie; hanno escluso/hanno esclusa

3. neuronale; corteccia cerebrale; stimoli; grado di luminosità; neuronale; corteccia cerebrale; stimolo; gradi di luminosità

4. codificare; soggettive; ha reagito/reagisce; elettrodi; codificare; cervello; codificare; cervello; elettrodi; reagire; soggettiva

18	2, 2, 2, 1, 3, 4

Esercitiamoci

1. aumento; forbice salariale; aumento; forbice salariale; produttività; raddoppiare; produttività; raddoppiare

2. stagnante; proprietario; direttivo; proprietario; direttivo; addetto; addetto; investitore; addetti; stagnante; stagnante; investitore

3. alimentare; disuguaglianza; finanza; compenso; dirigente; compenso; dirigenti; disuguaglianza; finanza; alimentare; dirigente; compenso; alimentate; compenso

19

2, 1, 3, 4, 1, 3

Esercitiamoci
1. caffettiera; borbottio; caffettiera; lentezza; profumo; rituale; rituale; caffettiera; profumo; lentezza; borbottio
2. cultori; icona; rivisitazione; dettaglio; cultori; cultore; rivisitazione; cultore; icona; dettaglio; dettagli
3. decisivo; inossidabile; grafica; decisivo; inossidabile; infinito, grafiche; infinito; grafica; infinito; infinita

20

3, 3, 4, 1, 3, 2

Esercitiamoci
1. recuperare; patrimonio; tempio; patrimonio; terremoto; recuperare; terremoto; magnitudo; recuperare; patrimonio; magnitudo; recuperare; tempi; recuperare
2. struttura; monasteri; strutture; volontario; struttura; archeologia; volontario; recupero; monastero; archeologia; Volontari; recupero
3. squadra; pulizie; catalogazione; rovina; pulizia; squadra; rovine; rovine; pulizia; catalogazione; squadra
4. attrazione; autorità; detriti; autorità; attrazione; detriti; sisma; sufficienti; attrazione; sufficiente; attrazioni; sisma; sufficiente; autorità
5. scriteriato; turistiche; restauro; scriteriata; turistico; restauro; scadente; turistico; soccorritore; scriteriato; soccorritore; scadente

21

2, 3, 1, 2, 4

Esercitiamoci
1. tendenza; espositore; tendenza; proveniente; tendenza; adeguarsi; espositori; proveniente; adeguarsi; espositori; tendenza; adeguarci
2. trend; puntava; interpretare; aspetto; aspetto; interpretare; puntare; puntare; trend; punto; aspetti; punta; interpreta; punti
3. vernice; scamosciare; sorprendente; sorprendente; vernice; scamosciata; maltinto; sorprendenti; vernice; scamosciati
4. lucentezza; raggrinzita; nappa; raggrinzita; sfumare; è sfumato; lucentezza; nappa; sfumare; sfuma/sfumava

22	1, 2, 4, 3, 2, 1
	Esercitiamoci 1. rifornire; tonnellata; assemblare; rifornire; industria; tonnellata; assemblare; industria; 2. produce; linea; sarà/verrà riattivata; linea; linea; produce; riattivare; acciaio; linea; ha prodotto; acciaio 3. stabilimento; province; provincia; ha previsto/prevede; zincare; provincia; zincare; stabilimento; prevedere 4. Attualmente; stanno avviando; Attualmente; per cento/percento; domande; per cento/percento; attualmente; domanda; aver avviato

23	2, 1, 4, 2, 3
	Esercitiamoci 1. riconoscere; riesce/riusciva; intonazione; cerebrale; intonazione; riconoscere; riesci; riconoscevo; cerebrale; riesce; riconoscere; è riuscito 2. sinistro; elaborare; pronunciare; biologia; pronunciare; pronunciare; sinistra; elaborare; sinistra; hai pronunciato; sta elaborando; biologia; pronunciare 3. ancestrale; emisfero; vocabolario; ancestrali; vocabolario; capire; emisfero; emisfero

24	2, 4, 2, 3, 1, 3, 1
	Esercitiamoci 1. passione; gavetta; concorso; cantante; carriera; concorso; carriera; gavetta; cantante; passione 2. esordio; esordio; onore; singolo; intervistare; classifica; onore; intervisterà; singola; classifica; esordio; esordio 3. si è appassionato; composizione; nel frattempo; si sono appassionate; composizione; conservatorio; si appassiona; composizione; Nel frattempo; composizione; conservatorio; appassiona/ha appassionato 4. inusuale; cantautoriale; impegnativo; cantautoriale; predominante; inusuale; predominante; impegnativo; cantautore 5. ho smesso; credere; basano; succeda; crede; si basa; smetta; succede; credo; smettere; è successo; si basa 6. emotivo; sostenere; palco; emotivo; è sostenuto; quotidiana; palco; sostengono; quotidiano

<table>
<tr><td rowspan="2">25</td><td>3, 1, 3, 4, 2, 2</td></tr>
<tr><td>

Esercitiamoci

1. melodie; diverso; parassita; prestigiatore; classificabile; diverse; classificabile; melodia; prestigiatore; parassita
2. affare; furioso; obiettivo; rabbia; rielaborazione; cupo; rielaborazione; obiettivo; rabbia; obiettivo; affari; furioso; cupi; rabbia
3. tutore; ho centrato; lussuoso; hai centrato; innescato; tutore; arrangiarsi; ha innescato; componenti; lussuosi; componente; arrangiati; è stato centrato; componenti; ci arrangiamo

</td></tr>
</table>

<table>
<tr><td rowspan="2">26</td><td>2, 1, 3, 2, 4, 3</td></tr>
<tr><td>

Esercitiamoci

1. trasfusione; affetto; Patologia; sangue; sangue; affetto/a; trasfusione; donare; patologia; donare; sangue
2. albumina; renali; trapianto; intervento chirurgico; talassemia; trapianto; renale; albumina; talassemia; intervento chirurgico
3. plasma; terapia; leucemia; fegato; terapia; immunoglobulina; antitetanico; leucemia; plasma; antitetanica; fegato; immunoglobulina; terapia
4. sottoporre; sottoporre; sintetico; promettente; sostituire; sperimentazione; sostituisce; promettente; sintetici; creatinina; sostituire; sottoporre; sperimentazione; siano stati sottoposti/siano state sottoposte
5. ferritina; emocromo; vaccino antinfluenzale; trigliceridi; colesterolo; vaccino antinfluenzale; emocromo; colesterolo; HIV; trigliceridi; colesterolo

</td></tr>
</table>

<table>
<tr><td rowspan="2">27</td><td>2, 1, 4, 3, 3, 1, 2, 4, 2, 2</td></tr>
<tr><td>

Esercitiamoci

1. compie; prenotazione; compiere; visitabili; onere; stabilito; onere; visitabile; stabilito; prenotazione; compiere; oneri; aver compiuto
2. effettua; udienze pubbliche; redatto; ha effettuato; assiste; Corte costituzionale; udienza pubblica; assistere; redatta; assistere; Corte costituzionale; assistere
3. Fissare; elenco nominativo; carta intestata; esaurimento; fissare; compatibilmente; fissare; esaurimento; carta intestata; compatibilmente; elenco nominativo; fissare; fissare
4. disponibilità; sono pervenute; conferma; disponibilità; dati anagrafici; comunicato; disponibilità; dati anagrafici; disponibilità; comunicato; conferma; pervenire; disponibilità; pervenire; disponibilità
5. svolgimento; Salvo; illustra; svolgimento; ha illustrato; salvo; svolgimento; ospita; cura; impedimenti; curare; svolgimento; illustra; ospiterò; curare; svolgimento; impedimento; cura; svolgimento

</td></tr>
</table>

<table>
<tr><td rowspan="2">28</td><td>3, 1, 2, 4, 3, 1, 2, 4, 1</td></tr>
<tr><td>

Esercitiamoci

1. gigantesco; terzini; gigantesco; classe; impareggiabile; è caratterizzata; impareggiabile; caratterizzano; classe; caratterizzano; classe; terzino
2. costringono; subentrare; debutto; irripetibile; debutto; è subentrato; predestinato; costringere; predestinata; costringi; irripetibile; debutto
3. allenatore; prototipo; allenatore; rigore; avversario; avversario; rigore; scopa; prototipo; scopa; avversario; prototipo
4. straripante; bianconero; pacato; scudetto; pacato; Tricolore; pacati; Tricolore; scudetto; bianconero; scudetto; straripante
5. scaramantica; imprecazione; tattiche; farsi il segno della croce; tattico; allenamento; scaramantici; farsi il segno della croce; imprecazioni; allenamento; imprecazione

</td></tr>
</table>

<table>
<tr><td rowspan="2">29</td><td>4, 2, 2, 3, 1, 2, 4, 3</td></tr>
<tr><td>

Esercitiamoci

1. permesso; visto; abbia ammesso; etichetta; permesso; motivazione; visto; etichetta; è stato ammesso; motivazioni; è ammesso
2. Questura; permesso di soggiorno; Questura; ingresso; richiesta; Ufficio immigrazione; Questura; visto; richiesta; ingresso; Ufficio immigrazione
3. legittimare; scadenza; Comune di residenza; competente; competenti; scadenza; rinnovare; ha legittimato; rinnovare; Comune di residenza; rinnovare
4. principiante; requisito; principianti; ottenimento; requisiti; intermedio; qualificante; intermedio; ottenimento; qualificante
5. essermi laureato; laurea; proroga; Schengen; consultare; proroga; consultare; hanno concesso; concedere; Schengen; concedere; laurea; si è laureato
6. consente/consentirà; valida; quota; datore di lavoro; subordinato; quota; subordinata; stipula; consente/ha consentito; valida; stipuleranno; flussi; datore di lavoro; quota; flusso; consente

</td></tr>
</table>

<table>
<tr><td rowspan="2">30</td><td>2, 4, 3, 1, 2, 2</td></tr>
<tr><td>

Esercitiamoci

1. raccontare; onorato/a; versione; aste; onorato/a; asta; incanto; versione; racconta/ha raccontato; incanto
2. aggiudicato; onnivori; Aggiudicato; onnivoro; testimone; hanno reclamato; testimone; avvincente; ha reclamato; avvincente
3. scodella; estasi; transitare; antologizzati; estasi; disperazione; scodella; transitare; ha antologizzato; disperazione
4. battitore; concorrere; battitore; aneddoto; psicologia; formidabile; innervare; psicologia; aneddoto; concorrere, formidabile; innerva; concorrono

</td></tr>
</table>

저자소개

INFORMAZIONI
SUGLI AUTORI

마르타 짐바르도 (Marta Zimbardo)

이탈리아 베네치아 카 포스카리 대학교 및 동대학원에서 동아시아
언어 및 경제제도, 법제도 전공으로 학사 및 석사 학위를 받았다. 이후
숙명여자대학교에서 법학 박사학위를 취득했다. 대한민국 헌법재판소에서
헌법재판연구원으로 재직했으며 현재 한국 외국어대학교 이탈리아어과
교수로 후학을 지도하고 있다.

최병진 (Choi Byung Jin)

한국외국어대학교 이탈리아어과에서 학사학위를 받았고,
이후 로마 라 사피엔차 국립대학에서 문화재학 학사 및 미술사학 분야에서
석사 학위를 취득했다. 로마의 포리 임페리알 박물관에서 인턴으로
일했으며, 이후 피렌체 국립대학교에서 미술사 분야에서 박물관학
분야에서 박사학위를 받았다. 이후『베네치아 아카데미아 미술관』,
『대영 박물관』,『베를린 국립 회화관』등 여러 권의 번역서와『의학과
미술사이』(전주홍, 최병진 저) 등 여러 권의 저서를 출간한 바 있으며,
현재 한국 외국어대학교 이탈리아어과 교수로 후학을 지도하고 있다.

ITALIANO
ESSENZIALE 03
이탈리아어 강독

초판 인쇄	2020년 2월 20일
초판 발행	2020년 2월 27일

지은이	마르타 짐바르도, 최병진
발행인	김인철
총괄 · 기획	윤성우 Director, University Knowledge Press
편집장	신선호 Executive Knowledge Contents Creator
기획 · 물류	이현진 Planning Expert
사전 · 도서편집	정준희 Contents Creator
전자책 · 도서편집	장혜린 Contents Creator
도서편집	이병철 Contents Creator
	이근영 Contents Creator
재무관리	하누리 Managing Creator
발행처	한국외국어대학교 지식출판콘텐츠원
	02450 서울특별시 동대문구 이문로 107
	전화 02)2173-2493~7
	팩스 02)2173-3363
	홈페이지 http://press.hufs.ac.kr
	전자우편 press@hufs.ac.kr
	출판등록 제6-6호(1969. 4. 30)
디자인 · 편집	(주)이환디앤비 02)2254-4301
인쇄 · 제본	네오프린텍(주) 02)718-3111

ISBN 979-11-5901-735-3 94780   정가 19,000원
ISBN 979-11-5901-638-7 (세트)

*잘못된 책은 교환하여 드립니다.